진료는 의학이 아니라
사람을 얻는 일이다.

관상진료학

표정과 태도로 환자를 해석하는 실전 심리 매뉴얼

차례

차례   4
들어가는 글

  11

관상이란 무엇인가   16
가. 전통적인 의미의 관상   16
나. 관상진료학에서의 관상   17

행동심리학과 커뮤니케이션 이론   22
가. 행동심리학이란   22
나. 커뮤니케이션 이론이란   23
다. 진료에 적용하는 이유   25

표정(얼굴)을 보고 판단하는 법   28
가. 시선을 피하는 표정   28
나. 과도하게 웃는 표정 (부자연스러운 미소)   30
다. 입꼬리는 올라갔는데 눈이 웃지 않는 표정 (가짜 웃음)   32
라. 찡그림, 인상 씀, 입술을 굳게 다무는 표정   33
마. 눈을 크게 뜨고 응시하는 표정   35
바. 입술을 깨물거나 입술을 안으로 넣는 표정   36
사. 헛웃음, 혼잣말 같은 웃음   38
아. 무표정, 감정 없는 얼굴   40
자. 결론   41

얼굴 주름으로 판단하는 법   44
가. 미간 주름 (화난 얼굴 주름)   46
나. 눈가 주름 (웃음 주름, 까치발 주름)   47
다. 이마 주름 (수평 주름)   48
라. 코 옆 주름 (비웃는 주름, 코 찡그림)   50
마. 입꼬리 아래 주름 (팔자 주름과 마리오네트 라인)   51
바. 입술 위 수직 주름 (담배 주름)   52
사. 결론: 주름은 '삶의 반복된 표정'이다   53

행동과 심리의 관계, 그리고 진료에의 적용   58
가. 팔짱을 끼는 행동   58
나. 다리를 떨거나 손가락을 두드리는 행동   60
다. 진료실을 둘러보거나, 시선이 산만한 행동   62
라. 몸을 기울이거나 상체를 앞으로 숙이는 자세   63
마. 시계를 보거나 스마트폰을 자주 확인하는 행동   64
바. 물건(가방끈, 펜, 손톱 등)을 만지작거리는 행동   65
사. 고개를 자주 끄덕이는 행동   66
아. 의자 끝에 걸터앉거나 자세가 불안정한 행동   67
차. 결론   71

태도로 환자를 읽는 법
진료실에서 마주치는 다양한 유형 분석   74
가. 지나치게 협조적인 사람   74
나. "다른 병원에선 완치되던데요?"라는 환자   75
다. 다른 병원 욕하는 환자   77

라. "제가 소개 많이 했어요"라는 환자	79
마. 이해력이 떨어지는 환자	81
바. 방어적인 환자	83
사. 공격적인 환자	84
아. 거짓말하는 환자	86
자. 말이 많은 환자	87
차. 질문이 많은 환자	88
카. 자기가 주인인 사람	89
타. 결론을 다 내리고 온 환자	90
파. 비교하는 환자	91
하. 의심이 많고 믿지 않는 환자 (걱정이 많은 환자)	92
거. "나는 몰라요, 알아서 해주세요"	92
너. 가정법 환자	94
더. "낫게만 해주면 소개 많이 해드릴게요"형 환자	96
러. "내가 ○○대학병원 ○○교수에게 진료받았어요"형 환자	97
머. 반말하는 환자	100

외모로 환자를 읽는 법

진료실에 들어서기 전 이미 모든 게 보인다	104
가. 금팔찌 & 금시계	104
나. 노란머리, 보라머리, 형광머리, 장발, 꽁지머리, 수염 등	106
다. 색안경(컬러 선글라스)	108
라. 개량한복	110
마. 종교적 색채가 강한 환자	112
바. 전신문신, 특히 이레즈미	115

사. 외모를 보는 의사의 자세　　　　　　　　　　　　119
아. 결론　　　　　　　　　　　　　　　　　　　　119

관상진료학 해석의 함정

보이는 것 너머의 진실　　　　　　　　　　　　　　122
가. '관상진료학'의 오남용을 경계해야 하는 이유　　　122
나. 외모는 환경의 산물일 수도　　　　　　　　　　　124
다. 표정과 주름, 순간이 아닌 축적의 결과　　　　　　126
라. 말투와 단어 선택은 습관일 수도 있다　　　　　　128
마. 오해를 줄이기 위한 대응법　　　　　　　　　　　130
바. 정서적 기저 vs 행동적 표현의 불일치　　　　　　132
사. 진짜 위험신호와 혼동하면 안 되는 일반적 특성　　135
아. 환자의 심리는 변화한다: 1회 진료로 단정하지 말 것　136

역(逆) 관상진료학

'말 안 해도 들리게 하는' 의사의 기술　　　　　　　140
가. 진료실 안에서 의사의 '무대 연출'　　　　　　　　141
나. 환자에게 하는 거짓말이 들통나는 이유　　　　　149
다. 환자에게 하는 거짓말이 들키지 않는 전략　　　　151

환자 설득 기술　　　　　　　　　　　　　　　　　160
가. 설득 이전의 준비: 신뢰 구축이 먼저다.　　　　　160
나. 커뮤니케이션의 기본 기술: 설득은 말의 기술이 아니다.　163
다. 핵심 설득 전략: 상황별 커뮤니케이션 전략　　　166
라. 말보다 강력한 기술: 행동을 이용한 설득 전략　　170

마. 환자의 동의를 끌어내는 기술: 인지 편향과 설득 심리	172
바. 실패 없는 설득을 위한 대화 패턴	175
사. 실제 사례로 보는 설득 실패와 성공 비교	178

진상환자 대처법

진료실의 전쟁에서 살아남기 위한 심리전	186
가. 유형 1 — '다른 병원은 잘 해줬다'형	186
나. 유형 2 — '자기 진단'형 (결론 다 내리고 온 환자)	187
다. 유형 3 — 'VIP인 척'형	188
라. 유형 4 — '말이 많고 끝이 없는'형	189
마. 유형 5 — '질문 폭격'형	189
바. 유형 6 — '내가 다 알아요'형	190
사. 유형 7 — '모든 걸 떠맡기는'형	191
아. 유형 8 — '불신 + 공격' 복합형	192
자. 유형 9 — '가정법 중독자'	192
차. 유형 10 — 부탁을 무기로 바꾸는 환자들	193
카. 결론	195

말이 안 통하는 환자, 진료실에서 난동 부리는 환자 대응 매뉴얼	198
가. 기본 전제: "똥은 피하지 말고, 치워야 한다"	199
나. 이런 환자, 대화로 해결 안 된다	199
다. 대화하면 생기는 문제	200
라. 대화해야 할 경우의 최소한의 팁	201
마. 이런 행동은 전부 형사처벌 대상이다	203
바. 실전 대응 절차: 5단계로 끝낸다	206

사. 경찰 출동 시 정확히 이렇게 말하라 207
아. 병원 차원의 예방조치 207
자. 이런 강경 대응이 필요한 이유 208
차. 진료실 내 CCTV 설치 및 녹화 208
카. 진료 중 녹음 행위 209
타. 결론 210

진료를 거부하는 방법 214

가. 환자가 의료인이나 타인에게 폭언·폭행·위협하는 경우 214
나. 의료행위를 정상적으로 진행할 수 없는 정신적·행동적 상태 214
다. 의학적 치료가 불가능하거나 더 이상 제공할 수 없는 경우 215
라. 의료기관 특성상 진료가 불가능한 경우 215
마. 의료진 보호를 위한 진료 중단 필요할 때 215
바. 정당한 거부를 위한 3단계 절차 217

합의 실패 후 의료분쟁 대처법 220

가. 의료배상책임보험 이용 절차 220
나. 환자가 중재안을 거부할 경우 221
다. 조정 절차 (의료분쟁조정중재원으로 넘어간 경우) 222
라. 의료인이 반드시 알아야 할 핵심 포인트 222
마. 결론 — 중재안 거부 이후 흐름 요약 223

인터넷 악플 대응 매뉴얼 226

가. 악플 유형 분류 229
나. 네이버 플레이스 악성리뷰 및 악플 삭제 절차 229

다. 블라인드 안 될 경우: 형사고소 + 민사소송　　　　232

라. 대응 댓글은 어떻게 써야 하나?　　　　　　　　233

마. 작성 팁 요약　　　　　　　　　　　　　　　　235

바. 자주 묻는 현실적 질문　　　　　　　　　　　　235

사. 예방 수칙　　　　　　　　　　　　　　　　　　236

아. 결론　　　　　　　　　　　　　　　　　　　　236

나가는 글 — 얼굴을 넘어서 마음까지 읽는 진료　　　238

들어가는 글

 의사는 병만 보는 직업이 아니다. 사람을 본다. 사람을 상대한다. 진료는 병을 다루는 기술이기도 하지만, 그보다 앞서 사람을 다루는 기술이다. 그 기술이 없으면, 아무리 뛰어난 시술도 통하지 않는다.
 이 책은 바로 그 '사람을 다루는 기술'에 대한 이야기다. 제목은 관상진료학이지만, 단순히 얼굴만 보는 관상 이야기가 아니다. 사람의 표정, 말투, 옷차림, 행동, 태도까지 포함해 전반적인 '심리 읽기'를 진료에 적용하는 실전 기술서다.
 관상(觀相)은 원래 생김새로 운명이나 수명을 점치는 거라지만, 여기선 다른 의미로 쓴다. 행동과 얼굴에 드러난 심리를 읽고 진료에 활용하는 방식, 일종의 현실판 '심리 판독 매뉴얼'이다. 환자들은 말로는 친절하게 굴지만, 표정과 태도에서 본심이 새어 나온다. 말보다 진짜를 더 잘 말해주는 단서들이 바로 거기에 있다.
 나는 수년간의 진료 경험을 통해 이걸 체득했다. 처음엔 나도 그걸 모르고 주사만 잘 놓으면 해결될 줄 알았다. 그런데 주사를 수천 번, 수만 번 놔본 후에야 깨달았다. 문제는 몸이 아니라 '사람' 자체에 있다는 걸. 의학적 설명이 통하지 않는 환자, 남 탓만 하는 환자, 자기 말이 정답이라 우기는 환자, 병원에 와서 싸우는 환자. 이들을 구분하지 못하면 의사는 망가진다. 그래서 나는 이 책을 썼다.

이 책은 음양오행 따위로 환자를 나누려는 게 아니다. 널리 검증된 행동심리학, 커뮤니케이션 이론, 그리고 무엇보다 진료실에서 실제로 겪은 수많은 상황을 바탕으로 한다. 외래에 막 들어온 의사들에게는 생존 가이드가 될 것이고, 이미 지친 의사들에겐 심리적 방탄조끼가 되어 줄 것이다.

진료는 감정노동이다. 환자의 통증보다 의사의 멘탈이 먼저 나간다. 설명을 못 알아듣는 환자, 질문만 늘어놓는 환자, 협박하는 환자들 틈에서 하루하루 버티다 보면 결국 항우울제를 먹는다. 개원의의 숙명과 같은 것이다. 그 전에 배워야 한다. 표정 읽는 법, 행동 해석하는 법, 그리고 어떻게 대응해야 할지를.

관상진료학은 그걸 정리한 책이다. 어린아이의 행동에서 마음을 읽듯, 환자의 얼굴과 태도에서 본심을 읽어라. 그게 진짜 의사의 일이다. 이 책은 그 첫걸음이다.

이 책에서 다루는 환자의 행동, 태도, 말투, 표정, 외모는 어디까지나 반복적으로 관찰된 경향성이지, 개개인을 단정 짓기 위한 도구는 아니다. 어떤 사람이 '금팔찌를 찼다'고 해서 반드시 감정기복이 심하거나 예민하다는 뜻은 아니며, 팔짱을 끼고 앉아 있다고 해서 모두가 방어적인 것은 아니다. 인간 행동의 해석은 언제나 확률적이며, 절대적 진실은 없다.

세상에는 수많은 변수가 존재한다. 어떤 환자는 자기가 의심 많다고 인정하면서도 적극적으로 치료에 협조하고, 어떤 환자는 지나치게 협조적인 듯 보이다가 돌변하기도 한다. 결국, 모든 판단에는 예외가 존재하며, 단 한 번의 관찰로 한 사람의 성격을 규정하려는 시도는 위험할 수 있다.

따라서 이 책 내 모든 행동의 해석은 '경향성'에 대한 임상적 관찰 + 심리학적 이론'을 결합하여 만들어진 것이며, '환자 개개인'에 대한 인신공격이나 선입견은 아니다. 책의 내용을 본격적으로 말하기 전 "모든 환자가 그런 것은 아니다"라고 전제하겠다.

이 책에 등장하는 예시와 설명은 대부분 실제 진료 현장에서 목격되거나 경험된 사례들을 바탕으로 한다. 특히, 외래 진료실이라는 특수한 공간 안에서 발생하는 수많은 행동 패턴과 심리 반응을 관찰하며 얻은 임상적 직관이 많이 녹아 있다. 그러나 이 책이 단순히 저자의 주관적인 경험담을 나열하는 감정적 기록으로 오해되지 않기를 바란다.

행동심리학, 커뮤니케이션 이론, 인지 편향, 방어기제 등 이 책의 내용은 학문적 기반 위에 실전 경험을 녹여낸 형태로 작성되었다. 다시 말해, 이 책은 "나한테는 이렇게 보였다"는 개인적 해석이 아니라, "일반적으로 이런 행동은 이런 심리로부터 유래된다고 분석된다"는 과학적 패턴과 구조를 따르고 있다. 저자의 진료실에서 반복되었던 수많은 장면이, 다양한 심리학 문헌과 맞아떨어졌을 때 비로소 이 책은 책으로 엮이기 시작했다.

무엇보다 이 책은 환자를 향한 책이 아니다. 철저히 의사를 위한 책이다. 진료실에서 마주치는 반복적인 스트레스, 설명이 통하지 않는 사람들, 매뉴얼대로 안 되는 상황 속에서 끊임없이 소진되는 의료인들을 위해 쓰였다.

누군가는 말할 것이다. "왜 환자를 평가하느냐?", "왜 외모로 판단하려 드느냐?"고. 하지만 진료실은 모든 이가 '합리적 대화자'로 존재하는 곳이 아니며, 실제로 많은 의사가 환자의 말보다 표정, 태도, 시선의 방향에서 더 정확한 판단의 힌트를 얻는다.

이 책이 불편하게 느껴질 수도 있다. 특히 환자의 처지에서 본다면, '왜 우리를 이런 식으로 나누느냐?'고 불쾌할 수도 있다. 그러나 분명히 해두고 싶은 것이 있다. 이 책은 모든 환자를 비난하거나 조롱하려는 의도가 전혀 없다. 다만 현실적으로, 환자 중 일부는 의사를 의도적으로 곤란하게 만들기도 하고, 말로는 도움을 요청하지만 실제로는 전혀 다른 목적을 품고 있기도 하다. 의사들이 그런 상황에 대해 말하고 고민하고 대응할 수 있어야, 결국엔 더 나은 진료 환경과 의사-환자 관계가 가능해진다.

따라서 이 책은 '누가 나쁜 환자인가'를 고발하는 책이 아니라, '의사가 스스로를 지키기 위한 기술'을 정리한 임상 커뮤니케이션 가이드북이다. 실무적으로 실전에서 부딪히는 수많은 애매함을 해석할 수 있도록, 다양한 행동, 표정, 말투의 의미를 해부하고 그에 맞는 대응 전략을 제시하고자 한다.

이 책의 모든 문장은 의사 편에 서 있다. 그 점을 분명히 해두고 싶다.

미창석

01

관상이란 무엇인가

관상이란 무엇인가

가. 전통적인 의미의 관상

관상(觀相)은 고대로부터 이어져 온 일종의 인간 판독법이다. 주로 얼굴의 생김새를 보고 그 사람의 성격, 수명, 건강, 심지어 운명까지도 추정하려는 시도였다. 눈, 코, 입, 귀, 이마, 턱 등 얼굴의 각 부위를 구분해 생김새의 모양과 비율, 균형 등을 기준 삼아 사람의 인생을 읽으려 했다.

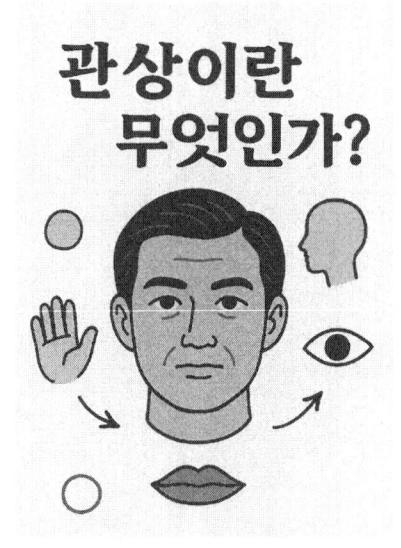

고대 중국에서는 관상을 오행(五行)과 음양(陰陽)에 결합시켜 체계화했고, 조선시대에도 사주명리와 함께 병행되어 신분 사회의 인간 평가 기준 중 하나로 활용됐다. 좋은 상(相)을 가진 사람은 복이 많고 큰일을 할 운명을 타고났다고 여겼고, 흉상(凶相)은 병이나 사고, 불운을 불러온다고 여겨졌다.

즉, 전통적 의미에서 관상은 인간의 외모를 운명의 거울로 삼았던 셈이다. 그러나 과학적 근거가 희박하고, 편견과 차별을 양산할 수 있다는 비판도 늘 따라붙었다. 시대가 바뀌면서 관상은 점점 미신의 영역으로 밀려났고, 현대 의학과는 무관한 것으로 취급되기 시작했다.

하지만 관상이라는 개념이 완전히 무의미한가? 반드시 그렇지는 않다. 외모, 표정, 말투, 태도는 그 사람의 심리 상태를 투영한다. 그리고 바로 이 지점에서 '관상진료학'이 시작된다.

나. 관상진료학에서의 관상

관상진료학에서 말하는 '관상'은 전통적인 얼굴 읽기에서 한참을 넘어선다. 단순히 눈썹이 진하니 기세가 강하다, 코가 오뚝하니 재물운이 있다 같은 식의 미신적 해석은 여기서 다루지 않는다. 대신 진료실에서 환자의 본심을 파악하고 적절히 대응하기 위한 실전 정보로서 '관상'을 새롭게 정의한다.

여기에서 관상은 하나의 넓은 스펙트럼이다. 모든 것을 종합적으로 보고 판단하는 것이 관상진료학이다. 얼굴만 보는 게 아니다. 말 그대로 '전신관찰'이다. 의사가 환자를 관찰함으로써 병뿐 아니라 '사람' 자체를 판단하고, 그 판단을 바탕으로 진료 방향을 조정한다.

예를 들어 지나치게 협조적인 태도를 보이는 환자일수록 속으로는 '보답'을 기대하는 경우가 많고, 질문이 그치지 않는 환자는 단순한 정보 갈망이 아니라 신뢰 부족일 수 있다. 이런 것을 모르고 대응하면 결국 의사 자신이 소모되고, 진료는 틀어지기 마련이다.

요약하면, 관상진료학의 관상은 "보이는 것들로부터 보이지 않는 것을 추론하고 대응하는 기술"이다. 현대판 관상은 얼굴이 아니라, 사람 전체를 읽는 것이다.

항목	내용
표정	찡그림, 눈을 피함, 과도한 웃음 등은 불안, 회피, 공격성의 신호일 수 있다.
얼굴 생김새와 꾸밈	문신, 피어싱, 화장의 방식, 이마의 주름까지도 태도와 성향의 단서가 된다.
외형과 복장	특정한 복장은 특정한 사고방식이나 삶의 태도를 반영
자세와 행동	팔짱을 끼고 앉아 있는지, 의자 끝에 아슬하게 앉아 있는지, 눈을 마주치는지 회피하는지.
말투와 어휘 선택	지나치게 공손하거나 반대로 공격적인 화법, 반복되는 단어의 선택, 어색한 논리 흐름 등은 환자의 속내를 비춘다.

AI 시대, 왜 관상진료학이 여전히 필요한가?

의학은 기술과 함께 진화해왔다. 지금은 AI가 판독하고 로봇이 수술하는 시대다. 혈액검사 하나로 20가지 질환을 예측하고, 영상 한 장으로 악성 여부를 구별하며, 챗봇이 환자의 증상을 선별하고 병명을 제시하는 시대다.

이제 진단은 인간의 영역이 아니다. 적어도 단순한 진단은.

그렇다면 앞으로의 의사는 무슨 일을 해야 할까?

답은 명확하다. 약만 주는 의사는 줄어들고, '대면이 필요한 진료'만 남는다. 즉, 실제로 환자와 마주 앉아 소통하며 문제를 파악하고 비언어적 단서 속에서 의도를 해석하며 시술과 수술, 그리고 돌발상황을 직접 조율하는 의사만이 살아남는다.

그렇기에 '관상진료학'은 퇴화하는 기술이 아니라 오히려 진화하는 시대에 더 필요한 기술이다. AI가 환자의 얼굴을 보고 눈빛의 불안을 느끼진 못한다. 팔짱 낀 환자의 경계심을 해석하지 못하고, 비웃음 섞인 미소와 진심 어린 웃음을 구분하지 못한다. AI는 행동을 감지할 수 있어도, 그 안의 '의도'를 파악하지 못한다.

의사는 사람을 다룬다. 단순히 병을 고치는 직업이 아니라, 불안과 기대, 회피와 의심이 얽힌 '사람의 마음'을 다루는 직업이다. 그래서 관상진료학은 표정, 자세, 말투, 행동이라는 비의학적 데이터를 활용해 진료의 품질을 높이고, 진료 중 소진되는 에너지를 줄여주는 살아있는 기술이다.

AI가 의사를 대체할 수 없는 이유는 '촉'이 중요하기 때문이다. 관상진료학은 그 '촉'을 구조화하고 정리해 문서화한 것이다.

진료는 약을 주는 게 아니라 사람을 대면하는 것이다.

그렇기에 관상진료학의 가치는 더 커지리라 본다.

02

행동심리학과 커뮤니케이션 이론

행동심리학과 커뮤니케이션 이론

가. 행동심리학이란

행동심리학(behavioral psychology)은 인간의 행동을 관찰 가능한 방식으로 분석하고 예측하려는 심리학의 한 분야다. 인간의 마음이나 정신 같은 추상적 개념보다 '행동'이라는 구체적 결과물을 중심으로 인간을 해석한다.

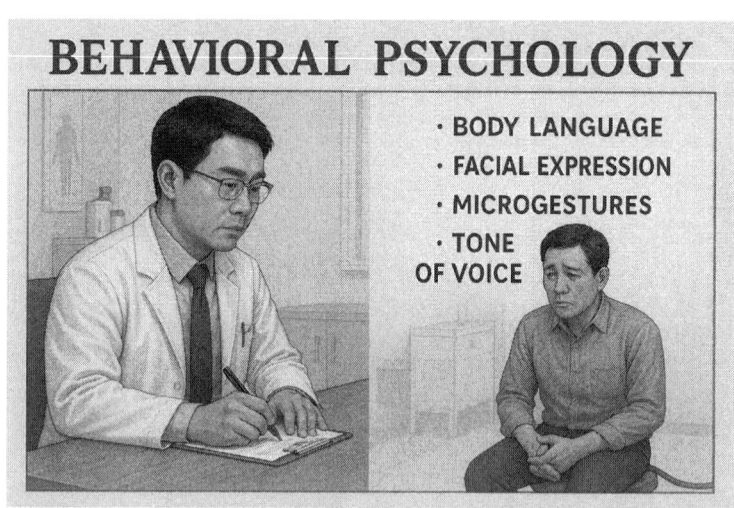

행동심리학(behavioral psychology)

행동은 우연히 나오지 않는다. 어떤 자극에 대한 반응으로서 행동은 일관된 패턴과 원인을 가진다. 반복되는 자극에 대한 조건형성(classical conditioning), 보상과 처벌을 통한 조작적 조건형성(operant conditioning) 등은 행동심리학의 대표적 이론이다.

예를 들어, 어떤 환자가 설명을 들을 때마다 팔짱을 낀다면, 그 행동은 불신이나 방어심리의 결과일 수 있다. 이는 단순한 습관이 아니라, 이전 경험에서 비롯된 '학습된 반응'일 가능성이 크다.

행동심리학의 장점은 '겉으로 드러나는 것만을 다룬다'는 점이다. 그래서 진료실이라는 제한된 공간, 제한된 시간 안에서 환자를 파악해야 하는 의사에게는 특히 유용하다. 환자의 말보다 행동을 보면, 그 사람의 심리 상태와 의도를 훨씬 정확하게 읽을 수 있다.

말은 속일 수 있어도 행동은 속이기가 어렵다.

나. 커뮤니케이션 이론이란

커뮤니케이션 이론(communication theory)은 사람 간의 의사소통이 어떻게 이루어지는가, 왜 오해가 생기는가, 어떤 방식이 효과적인가를 분석하고 설명하는 학문이다.

기본 구조는 단순하다.

송신자(sender) → 메시지(message) → 수신자(receiver)

그러나 실제 현실에서는 이 단순한 구조 사이에 수많은 잡음(noise)과 해석의 왜곡이 개입된다.

예를 들어 의사가 "도수치료가 필요합니다"라고 말했을 때, 어떤 환자는 "아, 필요하구나"라고 받아들이지만, 또 어떤 환자는 "돈 벌려고 얘기하는 거 아냐?"라고 해석한다. 이건 단순한 정보 전달 문제가 아니다. 수신자의 신념, 경험, 감정이 메시지를 왜곡한 결과다.

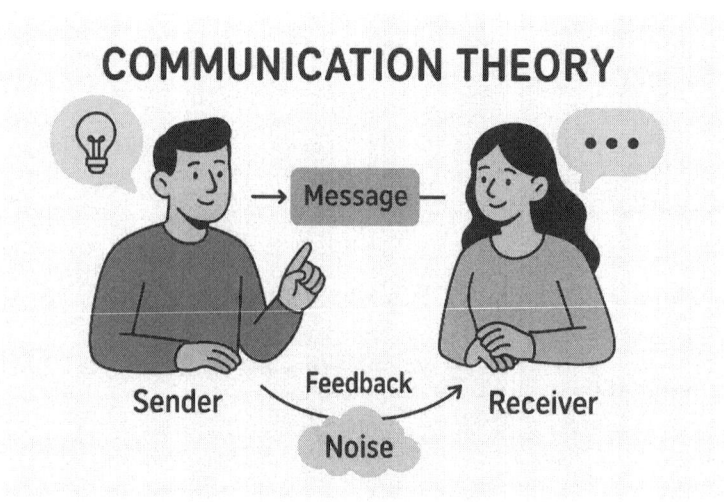

커뮤니케이션 이론(communication theory)

커뮤니케이션 이론에서는 이러한 왜곡을 줄이기 위해 언어적 메시지(말의 내용)뿐 아니라 비언어적 메시지(표정, 말투, 손짓, 시선 등)를 중시한다. 의사소통은 말로만 이루어지지 않는다.

환자는 의사의 표정을 읽고, 말투에서 신뢰도를 판단하며, 말의 흐름에서 진심과 영혼의 밀도를 느낀다. 그러므로 커뮤니케이션 이론을 이해하지 못하면, 의사는 아무리 올바른 말을 해도 신뢰를 잃는다. 반대로 그 이론을 이해하고 실전에 적용할 줄 아는 의사는, 말 몇 마디만으로 환자의 방어벽을 무너뜨릴 수 있다.

다. 진료에 적용하는 이유

의료현장은 감정이 얽히고, 신뢰가 흔들리는 특수한 환경이다. 여기는 과학과 인간이 동시에 충돌하는 공간이다. 따라서 단순히 의학 지식만으로는 진료할 수 없다.

환자는 증상이 아니라 사람이고, 사람은 말보다 행동, 논리보다 감정으로 움직인다. 행동심리학은 '환자의 속마음을 행동으로 읽는 도구'이고, 커뮤니케이션 이론은 '그 환자와 무너지지 않고 소통하는 기술'이다.

이 둘이 없다면, 진료는 매일 전쟁이다.

관상진료학은 이 두 축 위에 세워진다. 말은 참고만 하고, 표정과 태도를 보고, 잘못된 해석을 교정하고, 적절한 말과 행동으로 상황을 유리하게 끌고 가는 것. 이것이 이 책이 말하고자 하는 진짜 '진료 기술'이다.

| TIPS | 저자의 조언 |

　환자의 표정, 행동, 습관에서 심리를 알아내는 것이 **행동심리학**이고, 나의 의견을 환자에게 전달하거나 환자를 설득시킬 때 더 효과적인 방법으로 좋은 결과를 끌어내는 방법을 다루는 것이 **커뮤니케이션 이론**이다.
　환자의 심리 상태에 따라 똑같은 말이 다르게 받아들여질 수 있으므로, **행동심리학과 커뮤니케이션 이론은 떼려야 뗄 수 없는 관계**라고 할 수 있다.

03

표정을 보고 판단하는 법

표정(얼굴)을 보고 판단하는 법

표정은 인간의 무의식이 가장 먼저 드러나는 통로다. 말은 의식적으로 조작할 수 있어도, 표정은 순간적으로 반응한다. 진료실에서는 환자의 표정을 통해 신뢰, 불안, 분노, 회피, 방어 등 수많은 심리 상태를 실시간으로 읽어낼 수 있다. 의사가 환자의 표정을 읽는 법을 체득하면, 불필요한 설명을 줄이고, 방어적인 상황을 예방하며, 적절한 개입 타이밍을 정확히 잡을 수 있다. 아래는 진료실에서 자주 관찰되는 표정 유형들과 그에 따른 해석 및 대응 전략이다.

가. 시선을 피하는 표정

❏ 심리 상태
- 불안, 회피, 신뢰 부족, 관심 없음
- 낯선 상황에 대한 두려움
- 자신의 말이나 태도에 대한 확신 없음

❏ 진료 적용
- '치료받을 준비가 안 된 상태'일 가능성
- 이미 여러 병원을 전전하며 회의감이 깊어진 환자에게 흔함
- 설명이 머릿속에 들어가지 않음. 그냥 앉아 있는 것일 뿐

❏ 대응 전략
- 시선 마주치게 하려고 애쓰지 마라. 오히려 부담
- 단문 위주의 설명
- 핵심만 던지고 질문으로 반응을 유도해야 한다.
- 예: "혹시 전에 다른 병원에서 뭐라 그러던가요?"
  → 말로 반응이 오면 그때 본격 진료 진행

TIPS 저자의 조언

시선을 피한다는 건 여러 이유가 있을 수 있겠으나, 일단 환자가 **나와의 커뮤니케이션을 원하지 않는다**는 의지의 표현일 수 있다. 이런 환자에게 매출 창출을 위한 적극적인 영업은 오히려 부정적 반응을 유도할 수 있다. 환자가 원하는 최소한의 진료를 제공하는 것으로 충분하다. 오히려 적극적인 진료보다는 간략한 최소한의 질문으로 어떤 치료를 받기 위해 병원에 오게 되었는지 알아내는 것이 적합하다. 추후 환자의 태도가 적극적으로 바뀌기를 기다려야 한다.

또, 환자가 화가 났거나 부정적인 감정 반응이 있을 때도 시선을 피할

수 있는데, 적극적으로 감정을 표현하지 않는 성격의 환자에게서 이러한 반응이 나타날 수 있다. 즉, **수동적 공격성**의 예이다. 그러므로 **회피성 표정의 환자가 나중에 공격성**을 분출할 수 있다. 우리는 환자의 의도가 단순한 대화 회피인지, 수동적 공격, 분노인지는 표정만으로 감별할 순 없으며, 대화 과정에서 알아내야 한다.

나. 과도하게 웃는 표정 (부자연스러운 미소)

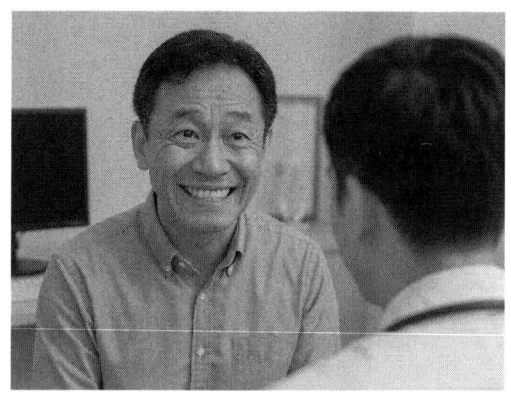

❏ 심리 상태
- 긴장, 불안, 친절하게 굴어야 한다는 강박
- 상대에게 좋은 인상을 주려는 방어적 친절
- 인정욕구, 보상 기대

❏ 진료 적용
- "원장님~ 저 진짜 열심히 시키는 대로 다 했어요" 하며 웃는 환자는 속으로는 '보상'을 바라는 중

- 의사에게 '좋은 환자' 이미지를 만들어 특별한 대우를 받으려는 심리가 있음
- 뭔가 감추거나 불안한 게 있다.

❏ 대응 전략
- 맞장구치며 같이 웃지 마라. 거리를 유지해야 한다.
- 설명할 땐 객관적인 근거 위주로, 과잉 친절 금지
- "지금 상태에서 가능한 치료는 이 정도입니다" 같은 단정형 문장 사용
- 심리적으로 거리를 둘수록 의사는 지배력을 갖는다.

TIPS   저자의 조언

과도하게 웃는 표정은 그냥 나오는 게 아니다. **억지웃음에는 에너지가 든다**. 그만큼 무언가를 얻어내야 할 상황, 혹은 얻어내고 싶은 욕구가 깔려 있다는 뜻이다. 한 번쯤은 봤을 것이다. 영업사원 중에 너무 밝고 과장된 미소를 짓는 사람들. 자연스러운 호감보다, '뭔가를 팔아야 한다'는 절박함이 더 먼저 읽히는 경우다.

그런 미소는 자발적인 감정 표현이 아니라, **목적이 있는 행위다**. 진료실에서도 마찬가지다. 보통의 진료가 아닌, 무리하거나 부적절한 요청을 하기 전 환자가 과도하게 웃는 경우가 꽤 많다.

예를 들어 사고일 조작, 타인 명의로의 처방, 진료기록의 허위 기재, 진료 시간 변경 등, 의사가 받아들이기 어려운 요청을 하려는 상황에서 환자는 먼저 미소로 거리를 좁히려 시도한다.

이런 웃음은 신호다.
"지금부터 나는 무리한 요구를 할 건데, 잘 좀 부탁드립니다."
라는 식의 사전 포석이라고 볼 수 있다.

그래서 진료 중 그런 과도한 미소를 읽었다면, 그 사람의 다음 말을 주의 깊게 듣되, 반드시 방어적으로 대응할 준비를 해야 한다.

자칫 같이 웃어주거나 호응하면 상대는 "이 의사, 통하겠네"라고 판단하고 요구의 수위를 높이거나 기정사실로 하려 들 수 있다.
핵심은 단 하나다.
억지웃음 뒤에는 억지 요구가 숨어있을 확률이 높다.

다. 입꼬리는 올라갔는데 눈이 웃지 않는 표정 (가짜 웃음)

- ❏ 심리 상태
  - 냉소, 불신, 내심 불만
  - '그래 니가 뭘 얼마나 아나 보자' 식의 시험 태도
- ❏ 진료 적용
  - 특히 블로그나 유튜브 통해 미리 공부하고 온 환자에게 자주 보임
  - 말로는 고개 끄덕이지만 속은 '동의 안 함' 상태
  - 설명을 공격적인 방향으로 꼬아서 받아들일 가능성 큼

❏ 대응 전략
- 강한 단정적 화법 금지. 틈을 줘야 반발심이 줄어든다.
- 예: "제 생각에는 ○○가 현재 상태엔 가장 적절하다고 판단됩니다. 물론 다른 옵션도 설명해 드릴게요."
- 의사도 상대의 분석대상이라는 걸 잊지 마라. 신뢰보다 전문가의 침착함이 우선이다.

라. 찡그림, 인상 씀, 입술을 굳게 다무는 표정

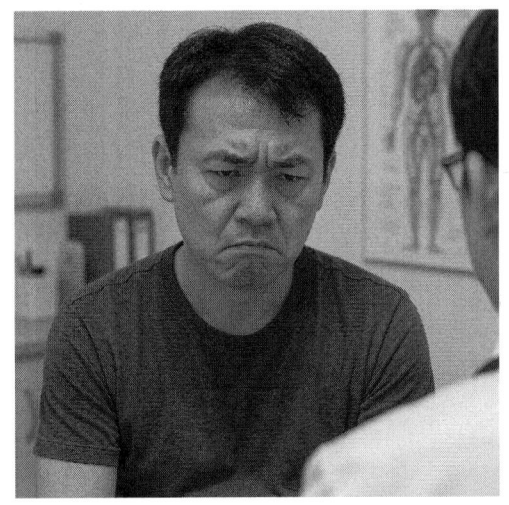

❏ 심리 상태
- 분노, 의심, 짜증
- 치료나 설명이 마음에 안 들거나, 과거에 상처를 입은 환자

- '이 병원이 별거 없네'라는 판단을 이미 내린 예도 있음
❏ 진료 적용
- 치료 결정 전에 이미 불만족 상태일 수 있음
- 뭘 해도 만족 못 시킬 환자일 가능성도 있음
- 설명이 길어질수록 더 반감 생긴다.
❏ 대응 전략
- 바로 결론 중심으로 간다. "○○이 가장 효과적인 방법입니다. 이런 식으로 진행하면 됩니다."
- 이해시키려 애쓰지 말고, '할 수 있는 것과 없는 것'을 정확히 선 긋는다.
- 예: "도움은 드릴 수 있지만, 완전한 해결은 어려울 수 있습니다"

TIPS 저자의 조언

이런 표정은 **화내기 일보 직전**이라고 할 수 있다. 마음속에서는 이미 분노가 차올랐으나, 아직 적극적으로 표출하지는 않은 상태이다. 이런 환자는 특정 **상황에 대한 불만**이 있거나, 요구하는 것에 대한 **충족이 이루어지지 않았다**고 생각하는 경우가 많다.

대화를 통해 불만이 있다면 **어느 부분에 불만이 있는지** 알아내는 것이 필요하며, 요구하는 것이 어떤 것인지, 현재 얼마나 충족되었는지 확인해야 한다. 단, 환자가 요구하는 것이 절대로 달성할 수 없는 목표일 수도 있어서, 그럴 땐 명확하게 **대화 과정에서 한계를 제시**하는 것이 도움이 된다.

나의 경우에는 10년간 악화한 심한 목 디스크를 주사만으로 완전한 완치를 바라는 환자가 있었고, 주사 치료 3회 후 저런 표정으로 진료실에 앉아 있었다. 척추의 구조적인 문제가 심하므로, 주사만으로 완전한 해결이 어렵다는 설명을 했더니 즉각 욕설이 날아왔다.

치료의 특성을 고려한 한계를 설명해 주고, 환자가 잘 이해한다면 괜찮으나, **이해하지 못하거나 받아들이지 못하는 환자에겐 더 긴 설명을 하지 않는 것이 좋다.** 무슨 설명을 하거나 어떤 치료를 해주더라도 만족을 못 시킬 수 있기 때문이다. 전원(轉院)이 답이다.

마. 눈을 크게 뜨고 응시하는 표정

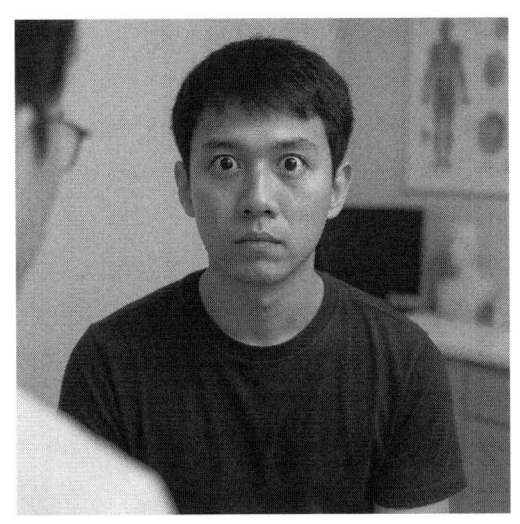

❑ 심리 상태
 - 집중, 긴장, 판단 보류, 정보의 습득
 - 신뢰하려고 애쓰는 중 or 감시하려는 의도
 - '결정'하기 직전의 상태
 - 분노 또는 공포의 위장
❑ 진료 적용

- 신뢰와 불신 사이의 경계에 서 있는 환자
- 설명이 너무 어렵거나, 반대로 너무 간단하면 신뢰가 깨진다.
- 치료제나 주사, 비용 등에 대해 머릿속에서 계산 중

❏ 대응 전략

- 모든 말에 근거를 붙인다.
- "이 주사는 ○○염증에 쓰이며, ○○ 연구에서 ○○ 효과가 확인된 치료입니다"
- 정보와 근거의 밀도가 높을수록 신뢰도가 올라간다.
- "왜요?"라고 질문이 들어오기 전, 미리 이유를 줘야 한다.

TIPS 저자의 조언

눈을 크게 뜨고 응시하는 표정은 단순한 시각적 집중이 아니라, **정보를 인지하고 판단하려는 인지적 긴장 상태**에서 자주 나타난다. 이러한 표정은 흔히 정보를 수동적으로 받아들이는 데서 그치지 않고, 들어온 내용을 "이게 맞는 말인가?", "이걸 내가 믿고 따라도 되는가?" 하고 의심과 결정을 동시에 수행하는 복합적 사고 과정을 반영한다.

이때 환자의 머릿속은 혼란스럽다. 설명은 들었지만, 기저에 깔린 불신 때문에 그 정보를 그대로 받아들이지 못하고 계속 '재확인'을 시도하는 중이다. 그럴수록 근거 중심의 확실한 설명이 필요하다. 신뢰할 수 있는 정보가 충분히 제시되면 의심 레벨은 자연스럽게 낮아지고, 결정에 대한 저항감도 줄어든다.

또 한 가지 주의해야 할 점은, 이런 눈빛이 단순한 판단의 단계가 아니라 **분노를 억누르고 있는 신호**일 수도 있다는 점이다. 감정을 직접 드러내지 않지만, 내부적으로는 '폭발 직전의 분노 상태'일 수 있고, 이 경우엔 말 한마디, 표정 하나가 기폭제가 될 수 있다.

바. 입술을 깨물거나 입술을 안으로 넣는 표정

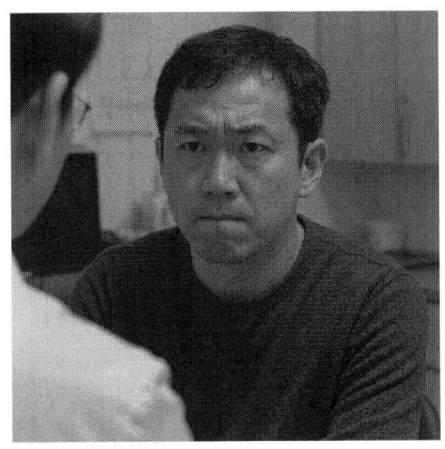

❏ 심리 상태
- 결정 못 함, 걱정, 불확실성
- 비용, 통증, 부작용에 대한 고민
- 남들에게 '싫다' 말을 잘 못 하는 성격

❏ 진료 적용
- "네…"라고 말하더라도 실제로는 '싫은데 못 거절하는 중'
- 시술 후 불만족이 생기면 '사실 그때도 하기 싫었어요'라고 말하는 타입

❏ 대응 전략
- 선택권을 준다.
- "꼭 하셔야 하는 건 아닙니다. 하지만 지금 상태에선 이 치료가

가장 무난합니다. 결정은 천천히 하셔도 괜찮습니다"
- 강요 금지, 여유 부여, 대신 장단점은 정확히 설명해줘야 이해한다.

> **TIPS 저자의 조언**
>
> 입술을 꾹 다무는 것은 행동심리학에서 다양한 의미가 있다. 일반적으로 입술을 꾹 다무는 건 "아무 말도 하지 않겠다"가 아니라, **"지금 뭔가 말하고 싶은데, 그걸 꾹 참고 있다"**는 는 몸의 언어다.
>
> 그 '참고 있는 말'이 무엇인지, 관찰자로서 읽어야 한다. 대개는 의사가 제시한 치료에 대해 비용, 통증, 부작용 등으로 **쉽게 동의할 수 없을 때 나타나는 행동 양식**이다.
>
> 내적 갈등이 있는 환자에게 적극적으로 치료를 권장하는 것은 오히려 역효과만 나타날 수 있으니, 한 걸음 물러나는 것이 좋다.

사. 헛웃음, 혼잣말 같은 웃음

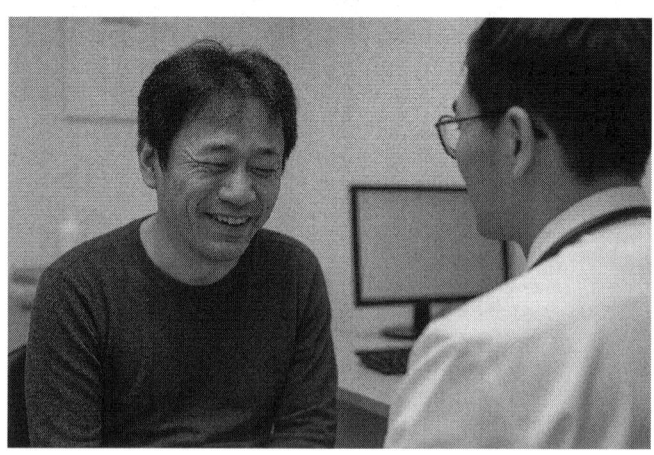

❏ 심리 상태
- 자포자기, 불신, 체념, 치료에 대해 큰 기대 없음
- 비꼬기, 무기력, 감정 방어적 반응

❏ 진료 적용
- 만성통증, 난치성 질환 환자에게 자주 보임
- 많은 병원 전전한 후 오는 '의료 피로자' 유형
- 회복보다 '관리'라는 말을 들으면 더 좌절함

❏ 대응 전략
- 현실적인 목표 제시가 필요
- "완치를 약속하긴 어렵지만, 통증을 30~40% 줄이는 것부터 시작하겠습니다."
- 헛된 희망 주면 반발한다. 오히려 솔직함이 신뢰를 만든다.

TIPS 저자의 조언

난치성 질환으로 오랜 기간 고통받아온 환자들은 이미 대부분의 병원 치료를 경험했을 가능성이 크다. 통증 클리닉이든, 정형외과든, 한의원이든, **'할 수 있는 건 다 해봤다'**는 상태에 가까운 경우가 많다.

이런 환자에게 흔한 치료 방식을 제안하면, 그 말은 곧 "또 그 얘기야?"라는 반응을 부르기 쉽다. 기존 치료에 대한 실망과 피로가 누적돼 있으므로, 의사의 평범한 설명은 오히려 부정적 감정을 자극하거나 신뢰를 떨어뜨릴 수 있다.

이럴 땐 오히려 차라리 **"지금 환자분은 어떤 걸 원하시나요?"** 하고, 의사가 먼저 질문을 던져주는 편이 낫다. 환자 스스로 자신의 기대치와 원하는 방향을 말하게 하면, 불필요한 갈등을 줄이고 치료 전략을 맞추

는 데 도움이 된다.

또 한 가지 중요한 점은, 이미 수많은 치료에 반응이 없었던 상태에서 1~2회 치료로 극적인 효과가 나타날 가능성은 매우 낮다는 것이다. 기본적으로 치료에 대한 기댓값이 매우 낮은 상태라는 점을 인지해야 한다.

이런 환자에게 "꼭 좋아질 겁니다", "이번엔 다를 겁니다" 같은 **확신성 발언을 하면 도리어 기대-현실 간 간극이 커지며 강한 역풍**을 초래할 수 있다. 치료를 시작하기 전, 환자의 심리적 상태와 기대 수준을 먼저 확인하고, 현실적인 치료 목표를 충분히 공유하는 것이 핵심이다.

낮은 기댓값에는 조심스러운 접근이, 오히려 더 신뢰를 만든다.

아. 무표정, 감정 없는 얼굴

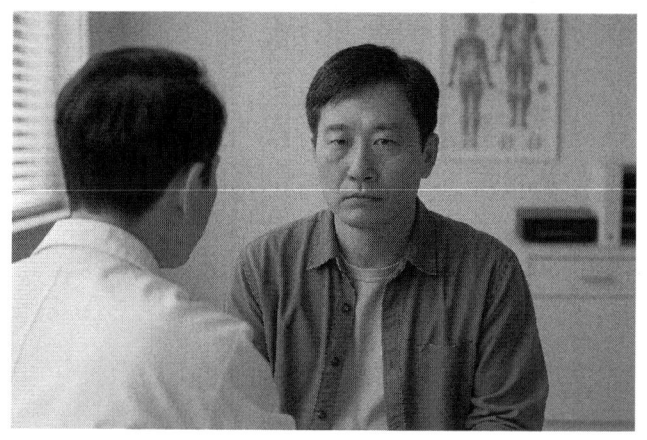

❑ 심리 상태

- 피로, 우울, 무기력
- 진료 자체에 큰 기대 없음
- 감정을 드러낼 여유도 없을 정도의 탈진 상태

❏ 진료 적용
- 자극적 말투, 친절 어투 모두 잘 안 통한다.
- 감정 없이 팩트 중심의 설명이 오히려 낫다.
- 보통 만성 질환 환자나, 장기 치료자에게 자주 나타나는 표정

❏ 대응 전략
- 간결한 진단 + 짧은 설명 + 현실적인 계획
- 예: "현재 상태에선 통증의 원인을 정확히 짚고 조절해보는 방향이 좋습니다. 우선 2~3회 시도해보고 반응을 보겠습니다"
- 정확함과 예측 가능한 구조가 가장 큰 안정감을 준다.

자. 결론

표정은 진료의 나침반이다. 환자는 감정을 감추려 하지만, 표정은 거짓말을 못 한다. 말이 아닌 표정을 보고, 거기서 치료 전략을 조율할 줄 안다면 진료는 피로하지 않고, 환자도 덜 괴롭다.

진료는 과학이지만, 그 시작은 사람이다.

그리고 사람의 본심은 얼굴에 다 쓰여 있다.

표정 유형	심리 상태	진료 적용	대응 전략
시선을 피하는 표정	불안, 회피, 신뢰 부족	설명 이해 어려움, 회의감 있는 환자	단문 위주, 질문 유도, 부담 주지 말기
과도하게 웃는 표정	긴장, 불안, 인정욕구	보상을 기대, 무리한 요청 가능	객관적 설명, 거리 유지, 과잉 친절 금지
입꼬리만 웃는 가짜 웃음	냉소, 불신, 불만	블로그·유튜브 정보 숙지 환자	단정적 화법 피하기, 선택지 제공
찡그림·입술 다물기	분노, 의심, 짜증	불만족, 과거 경험으로 인한 반감	결론 중심 설명, 선 긋기, 설명 길게 하지 않기
눈을 크게 뜨고 응시	집중, 판단 보류, 감시	신뢰와 불신 사이, 정보 판단 중	정보·근거 중심 설명, 의심 해소용 근거 미리 제공
입술 깨물기·입 안 넣기	결정 못함, 불확실성, 걱정	싫은데 거절 못함, 추후 불만 가능	선택권 제공, 강요 금지, 장단점 명확히 설명
헛웃음·혼잣말 웃음	자포자기, 체념, 무기력	의료 피로자, 기대 낮음	현실적 목표 제시, 솔직한 접근
무표정	피로, 우울, 탈진	장기 치료자, 기대 없음	팩트 중심, 간결한 계획 제시

04

얼굴 주름으로 판단하는 법

얼굴 주름으로 판단하는 법

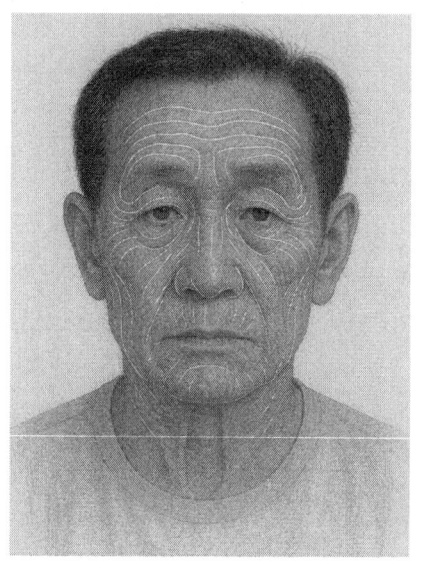

얼굴의 주름은 단순히 시간이 지나며 생기는 노화의 흔적이 아니다. 그것은 마치 하루하루의 감정 반응이 반복된 끝에 남겨진 '정서적 지도'와도 같다. 사람이 특정 감정을 자주 표현하면, 그 감정에 동반되는 표정이 반복적으로 얼굴 근육을 수축시키게 된다. 시간이 흐를수록 그 습관적 표정은 피부에 자국을 남기고, 결국 고착된 주름이 된다. 이는 단순한 피부의 탄력 저하가 아니라, 그 사람의 사고방식, 감정 패턴, 대인관계에서의 반응 양식을 얼굴에 새겨 넣은 결과다.

예를 들어, 항상 인상을 쓰는 사람은 미간에 깊은 11자 주름이 생긴다. 자주 놀라는 사람은 이마에 수평의 주름이 남는다. 억지웃음을 반복하는 사람은 눈가와 입가에 부자연스러운 주름을 만들고, 불만을 입으로 눌러 삼키는 이들은 입 위에 담배 주름처럼 새겨진 억제의 흔적을 남긴다. 이런 주름은 단순한 표정 근육의 사용 흔적을 넘어, 감정 처리 방식, 타인과의 거리 유지 방식, 스트레스 해소 패턴까지도 유추할 수 있게 해준다.

특히 중요한 것은 나이가 들수록 이러한 주름의 '성격적 해석'이 더욱 유효해진다는 점이다. 젊은 사람의 얼굴은 아직 그 사람의 삶의 패턴이 고정되지 않았기 때문에 다양한 감정의 흔적이 얕고 균형 잡혀 있는 경우가 많다. 반면, 40대 이후부터는 그 사람이 평소 어떤 감정을 반복해 왔는지가 얼굴에 뚜렷하게 드러나기 시작한다. 이는 단지 피부가 처졌기 때문이 아니라, 삶의 시간 동안 반복된 감정 습관이 안면 근육과 표피 구조에 장기적인 변화를 일으켰기 때문이다. 그 사람이 어떤 삶을 살아왔고, 어떤 방식으로 세상과 마주했는지를 얼굴이 먼저 말해주는 셈이다.

또한, 이 과정에서 '비교적 한 부위에만 주름이 집중되어 있다'면, 이는 단순 노화가 아닌 '성격적 편향'의 신호일 가능성이 크다. 예컨대 얼굴 전체는 매끈한데 유독 입꼬리만 깊게 내려가 있다면, 그 사람은 반복적인 체념, 불만, 우울 등의 감정으로 입 주변 근육을 반복적으로 움직였을 가능성이 크다. 반대로 이마는 맑은데 미간만 유난히 깊다면, 특정 상황에서의 스트레스나 통제 욕구가 유독 강하게 작용했음을 시사한다.

진료실에서 이런 정보를 가진다는 건 단순한 미용적 정보 이상의 가치를 지닌다. 표정 주름은 환자의 주관적 서사를 듣기 전에 그 사람의 정서적 궤적을 먼저 이해할 수 있게 해주는 힌트이며, 치료계획을 세울 때 중요한 변수로 작용할 수 있다. 어떤 환자는 표면적으로 밝지만, 눈가 주름이 전혀 없고 입술 주름이 깊다면, 속마음을 표현하지 않고 억제하며 살아온 사람일 수 있다. 이는 치료 과정에서 정서적 신뢰 형성, 기대 조절, 설명 방식에 큰 영향을 준다.

요약하자면, 얼굴 주름은 단순한 세월의 무게가 아니라, 살아온 삶의 방향성과 정서의 반복이 남긴 흔적이다. 의사가 환자의 얼굴을 읽는다는 건 단지 외모를 보는 것이 아니라, 마음을, 인생을, 습관을 보는 것이다. 주름은 눈에 보이는 심리학이며, 진료실에서 의사에게 가장 먼저 말을 거는 '비언어적 병력청취'라 할 수 있다.

아래는 대표적인 주름의 유형별 심리 해석과 진료 시 대응 전략이다.

가. 미간 주름 (화난 얼굴 주름)

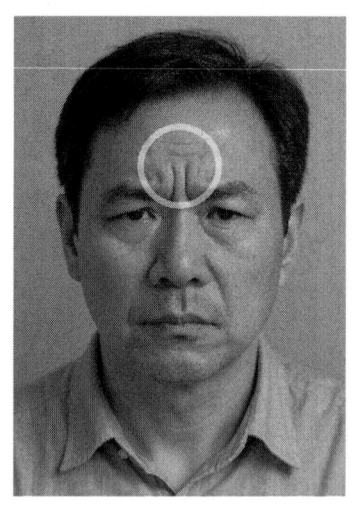

- ❏ 형태: 두 줄 이상의 수직 주름. 일부는 11자, 좌우 비대칭도 있음
- ❏ 의미:
  - 반복된 분노, 걱정, 강한 집중의 결과
  - 작은 일에도 긴장하거나 예민한 사람
  - 남의 말을 가로채는 성향, '왜요?', '근데요?' 질문 반복
  - 실은 불안하고 통제당하는 걸 싫어하는 사람
  - 불신 성향이 있거나 타인의 말에 쉽게 수긍하지 않음
- ❏ 진료 시 주의:
  - "설명"보다 "근거"를 먼저 제시
  - 무리한 농담이나 추측 금물. 방어 반응 빠름
  - 직접적 감정 대응은 금물 ("그건 좀 오해십니다" X)
  - "그럴 수도 있겠습니다만, 저희는 이런 방식으로 진행하고 있습니다." → 감정 분리 + 정보 우선 전달 구조 유지

나. 눈가 주름 (웃음 주름, 까치발 주름)

- ❏ 형태: 눈꼬리 바깥 방향으로 퍼진 잔주름
- ❏ 의미:
  - 긍정적 감정 표현을 많이 했던 사람
  - 감정 전달이 활발하거나, 타인과의 접촉에 익숙함
  - 다만 일부는 '억지 미소'를 습관화한 사람일 수 있음
  - 웃음이 많은 사람, 그러나 진짜 미소인지 사회적 미소(억지 미소)인지 구별 필요

- 감정 표현이 능하지만, 그만큼 기대와 반응에 민감
- 기대가 깨지면 빠르게 서운함으로 돌아서는 경향

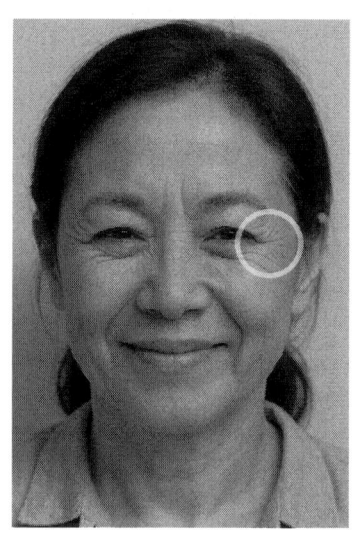

❑ 진료 시 주의:
- 친근함 뒤에 무리한 요구가 숨어있을 수 있음
- 방어보단 신중한 탐색이 필요함
- 친근함 뒤에 숨은 요구를 조심해야 함
- 너무 편하게 대했다간 갑작스러운 태도 변화로 이어질 수 있음
- "제가 그 부분은 정확하게 확인하고 도와드릴게요."처럼 조심스러운 친절이 필요

다. 이마 주름 (수평 주름)

- ❏ 형태: 이마를 위로 올리는 습관으로 생긴 가로줄
- ❏ 의미:
  - 놀람, 경계심, 의심 반응이 많았던 사람
  - 겉으로는 순하지만, 속으론 복잡하게 생각함
  - 정보를 빨리 받아들이려는 성향
  - 놀람, 불안, 경계 반응을 자주 하는 사람
  - 생각이 많고 머릿속 시뮬레이션이 멈추지 않는 타입
  - 타인의 말을 곧이곧대로 믿기보다 "이 말 뒤에 뭐가 있을까?"를 먼저 떠올림

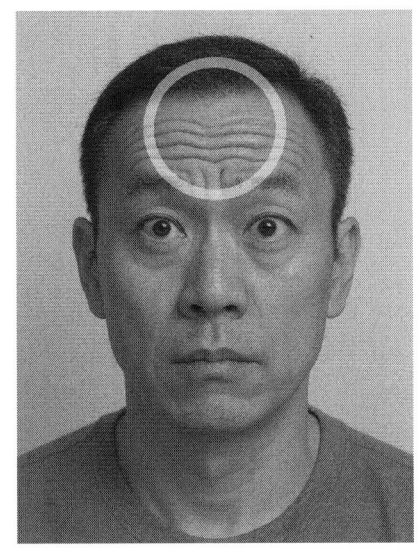

- ❏ 진료 시 주의:
  - 너무 빠른 설명 금지. 의문을 예상하고 여유 있게 전개
  - 자주 고개를 끄덕이는 사람과 겹칠 수 있음
  - 빠른 결론보다는 논리적 근거를 갖춘 설명이 필요
  - "제가 이 치료를 추천해 드리는 이유는 3가지입니다"처럼 구조화된 설명이 효과적
  - 질문을 예상하고 먼저 언급해주는 게 신뢰 형성에 도움

라. 코 옆 주름 (비웃는 주름, 코 찡그림)

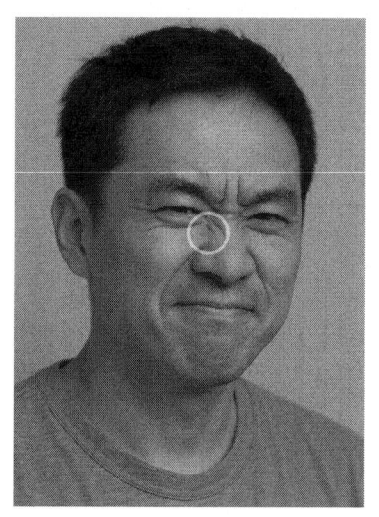

- ❏ 형태: 콧망울 옆에서 위로 올라가는 잔주름
- ❏ 의미:

- 습관적 비판, 불신, 짜증의 표현
- 자주 무언가를 못마땅해하거나, 내심 타인을 낮춰봄
- 삶에 대한 불만, 반복된 불평의 흔적
- 자기중심적으로 세상을 해석하는 경향
- 내가 고생했고, 주변은 날 몰라준다는 생각이 강함

☐ 진료 시 주의:
- '왜 그러셨어요?'류 질문은 피할 것
- 자극보다 침착한 정보 전달
- 공감만 해주면 안 됨 → 해결 방향을 제시하는 방식으로 말 전환
- "그동안 많이 힘드셨던 것 같네요. 그럼 지금부터는 조금이라도 편해지도록 방향을 잡아보죠." → 불만을 '계획'으로 전환하는 말하기

마. 입꼬리 아래 주름 (팔자 주름과 마리오네트 라인)

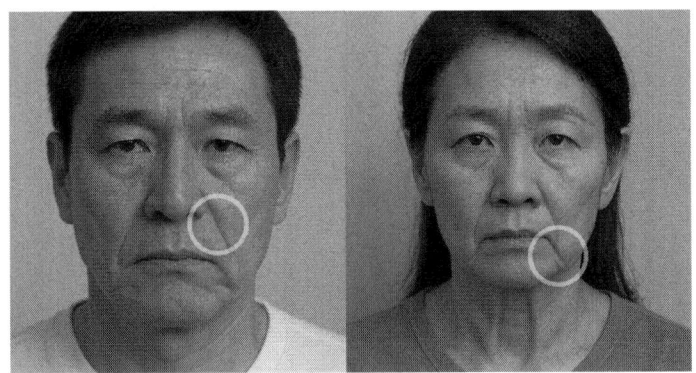

- ❏ 형태: 코 옆에서 입꼬리로 이어지는 주름 또는 입 옆으로 처진 주름
- ❏ 의미:
  - 삶에 대한 실망, 억압된 감정, 수용하지 못한 불만의 축적
  - 반복된 불평 습관이 흔적을 남김
  - 무기력, 우울, 체념의 신호
  - 희망을 품기보다 불신을 전제로 관계에 들어옴
  - '어차피 안 될 텐데'라는 기본 태도가 깔림
- ❏ 진료 시 주의:
  - 치료 기대치가 낮을 수 있음 → 반응 저조
  - "괜찮을 거예요"는 먹히지 않음 → 작고 구체적인 변화 제시
  - 감정 공감보다 구체적 개선안 제시가 중요
  - "통증이 완전히 사라지긴 어렵지만, ○○만 줄여도 삶의 질은 다릅니다" → 실현 가능한 목표 중심 대화

바. 입술 위 수직 주름 (담배 주름)

- ❏ 형태: 인중 위 수직 방향 잔주름. 흡연자에서 흔하지만, 비흡연자에게도 있음
- ❏ 의미:
  - 반복된 자기 억제, 참는 성격
  - 표현보다 속앓이 경향

- 습관적 억제와 자기검열의 결과
- 하고 싶은 말이 있어도 참거나 감정을 오래 눌러두는 사람
- 표현보단 축적, 발산보단 수용의 성향

❏ 진료 시 주의:
- 스스로 말 안 꺼냄. 질문보다 관찰이 먼저
- "혹시 이 부분이 많이 신경 쓰이시나요?" 등 조심스럽게 접근
- 감정을 끌어내려 하지 말 것. 대신 말보다 관찰 우선
- "이건 좀 말씀하시기 어려우실 수 있는데, 그래도 한번 여쭤볼게요…" → 신뢰 확보 후 비언어 표현 중심 해석

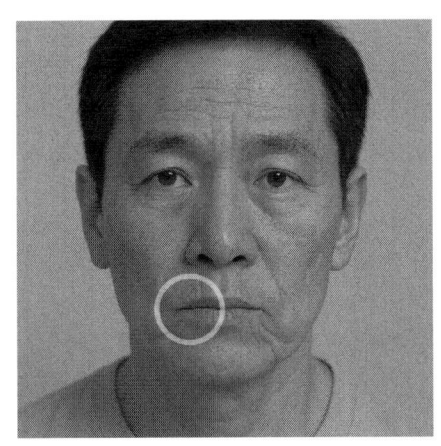

사. 결론: 주름은 '삶의 반복된 표정'이다

의사로서 표정의 흔적을 읽는다는 건, 단순히 외모를 보는 게 아니

다. 그 사람의 반복된 감정 반응, 대인관계 방식, 스트레스 대처 성향을 읽는 것이다.

그리고 그것은 진료의 방향을 바꾸는 데 아주 강력한 도구가 된다. 주름을 읽는다는 건 결국, "이 사람은 이렇게 살아왔고, 그래서 이렇게 반응한다"는 걸 파악하는 일이다.

진료는 말로 시작되지 않는다. 표정으로 시작되고, 신뢰로 완성된다. 이 주름은 단순히 '노화'가 아니라, 살아온 인생의 표정 습관이 만든 지도다. 의사는 그 지도를 읽고, 진료라는 항해의 방향을 조절해야 한다.

주름 위치	형태 및 특징	심리적 해석	진료 시 대응 포인트
미간 주름 (11자 주름)	수직 두 줄 이상, 비대칭 가능	분노, 불안, 통제 거부 예민하고 질문 반복 불신 강함	감정 대응 금지 추측/농담 X '설명'보다 '근거' 먼저
눈가 주름 (까치발 주름)	눈꼬리 바깥 방향 잔주름	감정 표현 활발 기대에 민감 억지 미소 습관일 수도 있음	친근함에 숨은 요구 주의 신중한 탐색 필요 조심스러운 친절 전략
이마 주름 (수평 주름)	이마 들기 습관, 가로줄	경계심, 의심, 불안 머릿속 시뮬레이션 과다 빠른 정보 흡수 욕구	빠른 결론 피하고 논리적, 구조적 설명 예상 질문 선제 제시
코 옆 주름 (찡그림/비웃는 주름)	콧망울 옆에서 위로	습관적 비판, 불신 자주 짜증, 불평 피해의식·비관 성향	"왜 그러셨어요" 금지 침착하고 중립적 설명 불만 → 계획으로 전환 유도
입꼬리 아래 주름 (팔자/마리오네트)	팔자: 코 옆 → 마리오네트: 입꼬리 아래로 처짐	무기력, 체념 반복된 실망과 불만 희망보다 불신이 우선	공감보다 구체적 해결책 실현 가능한 목표 강조 "조금이라도 좋아지는 방향"
입 위 주름 (담배 주름)	인중 위 세로 잔주름	자기 억제 성향 감정 표현 적고 속앓이 자기검열, 수용 중심 성격	질문 유도보단 관찰 중심 조심스럽게 확인 신뢰 후 감정 유도 가능

05

행동과 심리의 관계,
그리고 진료에의 적용

행동과 심리의 관계, 그리고 진료에의 적용

사람은 말로 거짓말할 수 있어도, 행동까지 통제하기는 어렵다. 특히 진료실이라는 낯선 공간, 긴장된 상황에서는 무의식적인 행동이 본심을 드러낸다.

행동을 읽는 건 환자의 의도를 해석하는 가장 직접적이고 신뢰도 높은 방법이다. 여기서는 진료 현장에서 자주 관찰되는 행동들을 심리적 의미에 따라 분류하고, 그에 따른 진료 전략을 구체적으로 제시한다.

가. 팔짱을 끼는 행동

- ❏ 심리 상태
  - 방어적 태도
  - 심리적 거리감
  - 신뢰 결여
  - '나를 시험하러 온' 태도일 가능성
- ❏ 진료 적용
  - 보통 처음 진료 시, 불신이 있는 환자들이 많이 보이는 자세다.

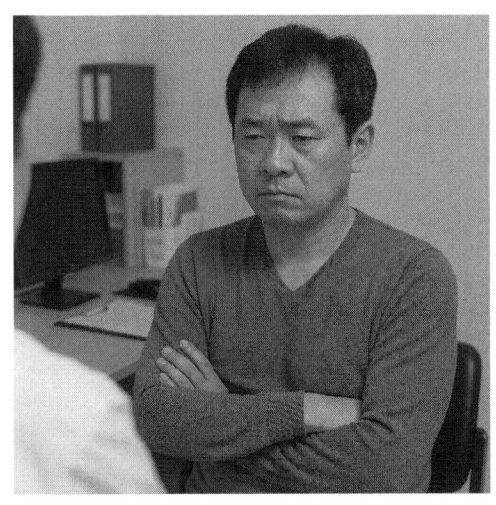

- '얼마나 잘하나 보자'는 식의 내부 평가 중이며, 설명을 곧이곧대로 듣지 않는다.
- 특히 팔짱을 끼면서 다리까지 꼬고 있다면 '방어 + 경계심'이 극대화된 상태

❑ 대응 전략
- 이런 환자에게 장황한 설명은 독이 된다.
- 짧고 강하게 핵심만 전달하고, 설명보단 질문을 섞는다.
- 예: "지금 불편하신 게 정확히 어떤 상황에서 악화되나요?"
- 중요: 팔짱 자체를 언급하지 마라. 불편해진다.

TIPS 저자의 조언

행동심리학에서 팔짱을 끼는 행동은 **대표적인 비언어적 방어 신호로** 분류된다. 가장 일반적으로는 낯선 사람이나 불편한 환경에서 자신을 보호하고 심리적 거리를 두기 위한 무의식적 행동으로 나타난다. 진료실처럼 권위와 정보 비대칭이 존재하는 공간에서는 환자가 팔짱을 끼고 있는 모습이 의사에 대한 **경계심, 불신, 혹은 치료 내용에 대한 내적 거부감**을 반영할 수 있다.

또한, 팔짱은 단순히 닫힌 자세 그 이상을 의미할 수 있다. 불안하거나 긴장된 상태에서 자기 몸을 감싸는 행위로 작동하는 경우, 이는 **자기 진정(self-soothing)의 일종**이다. 특히 팔꿈치를 단단히 움켜쥐는 경우는 자신의 감정을 억누르거나 스스로를 안정시키기 위한 무의식적 반응이다.

반대로 팔짱을 낀 채 고개를 들고 시선을 위에서 아래로 내리깐다면, 이는 **우월감이나 지배욕, 혹은 반항적 태도**가 섞인 신호일 수 있다. 이때는 상대방을 평가하거나 무시하는 심리가 작동하고 있을 가능성이 크다. 팔짱과 다리 꼬기 자세가 함께 나타난다면 그러한 해석은 더욱 확실해진다.

다만 모든 팔짱이 심리적 신호는 아니다. 단순히 추위를 느끼거나, 자세가 불편하거나, 그냥 익숙한 습관으로 나오는 경우도 많으므로 이를 단독으로 해석해서는 안 된다. 반드시 **표정, 시선, 어깨 긴장도, 언어 내용 등 다른 신호들과 함께 통합적으로 읽어야** 정확한 해석이 가능하다.

예를 들어, 진료 중 환자가 공손한 말투를 쓰면서도 팔짱을 끼고 있다면 겉으로는 협조적이지만 내면적으로는 거리를 두고 있거나 말을 믿지 않고 있을 수 있다. 반면 치료나 검사 설명을 듣는 도중 **팔짱을 풀고 몸을 앞으로 기울이는 변화가 생긴다면, 이는 심리적 장벽이 허물어지고 있다는 신호**로 해석할 수 있다.

나. 다리를 떨거나 손가락을 두드리는 행동

❏ 심리 상태
- 불안감, 조급함, 인내심 부족
- 통제 상실에 대한 불편감

- 신체 긴장을 해소하려는 무의식적 반응
❏ 진료 적용
  - 긴 대화나 복잡한 설명을 싫어하는 타입
  - 실질적 결론이나 치료 방향만 듣고 싶어 함
  - 시간을 많이 빼앗긴다는 불만이 있을 수 있다.

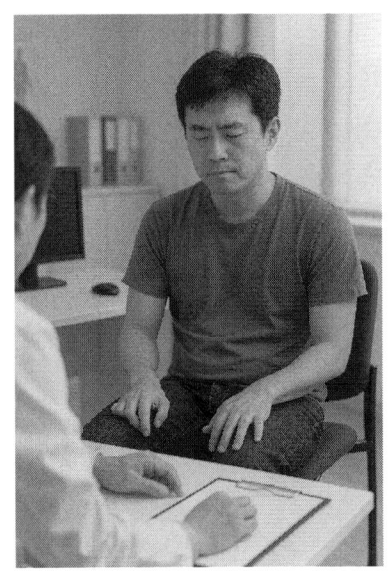

❏ 대응 전략
  - 서론 생략, 바로 결론
  - "결론부터 말씀드릴게요."
  - 필요하면 요약 자료를 제공하거나, 설명은 짧고 따라오기 쉽게 구조화할 것

- 예: "A가 원인이고, 그래서 B 치료를 권하는 겁니다."

다. 진료실을 둘러보거나, 시선이 산만한 행동

- ❏ 심리 상태
  - 경계심, 불신
  - 의사 & 병원을 관찰·평가하려는 태도
  - 신중한 성향 혹은 과거 부정적 경험 있음
- ❏ 진료 적용
  - 이들은 대개 인터넷, 유튜브, 블로그를 통해 많은 사전정보를 갖고 온다.
  - 비교 평가 중이므로 자신감 없는 설명은 바로 '감점'이다.
  - 설득보다 '판단 자료'를 제공하듯 말하는 것이 좋다.
- ❏ 대응 전략

- 강요나 주입식 설명은 피하고, "이런 옵션들이 있고 저는 이걸 추천해 드립니다"는 식으로 안내
- "이런 방식이 일반적이고, 가장 부작용도 적은 방법입니다."
- 간접적 신뢰 유발이 핵심이다.

라. 몸을 기울이거나 상체를 앞으로 숙이는 자세

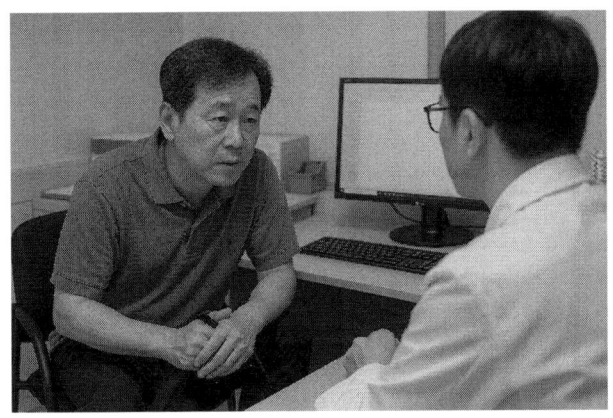

❏ 심리 상태
 - 집중, 신뢰, 적극적 관심
 - 의사의 설명을 진지하게 받아들이고 있음
❏ 진료 적용
 - 이런 환자에겐 설명이 잘 전달된다.
 - 질문을 곧이곧대로 받아들이며, 치료 순응도가 높음
 - 정보제공과 교육을 집중적으로 할 수 있는 타이밍

❑ 대응 전략
- 이때는 환자에게 중요한 메시지를 정확하게 전달할 기회다.
- 치료 순서, 주의사항, 자가관리법 등을 이 시점에 주입해라.
- 예: "지금 설명해 드리는 걸 잘 기억해 두시면 다음 내원 때 훨씬 편하실 겁니다."

마. 시계를 보거나 스마트폰을 자주 확인하는 행동

❑ 심리 상태
- 진료 몰입도 낮음
- 피로감, 지루함, 신뢰 결여
- '빨리 끝내고 싶다'는 신호

❑ 진료 적용
- 이 환자는 치료보단 '진료 경험'을 평가 중일 가능성이 크다.
- 말이 많을수록 반감이 생기며, 실제 치료 결정을 미루거나 취소하는 경우 많음

❑ 대응 전략
- 1분 내 요약 가능한 구조로 설명
- 필요하면 "다음 진료 땐 ○○ 검사까지 하겠습니다"는 식으로 분절화
- 말을 줄이되, 전문성은 유지
- 예: "A는 이런 상황에 효과적인데, 지금이 딱 그 경우입니다."

바. 물건(가방끈, 펜, 손톱 등)을 만지작거리는 행동

❏ 심리 상태
 - 불안, 망설임, 결정 회피
 - 치료에 대한 두려움 혹은 비용/부작용 걱정

❏ 진료 적용
 - 주사나 시술 권유 시 쉽게 거절하지 못하지만 내심 거부감 있음
 - 말로는 수긍하면서 실제 예약 안 잡고 사라지는 환자 다수

❏ 대응 전략
 - 숨은 걱정을 먼저 꺼내줘야 함.
 - 예: "혹시 걱정되는 부분 있으신가요? 비용이나 통증 쪽이 불편하실 수도 있어서요."

- 환자가 먼저 털어놓게 만든 후, 그것을 해소하는 방식으로 전개

사. 고개를 자주 끄덕이는 행동

❑ 심리 상태
- 인정욕구, '좋은 환자' 이미지 구축
- 실은 자기 생각이 강하고, 그것과 부딪히면 태도 돌변 가능

❑ 진료 적용
- 처음엔 잘 따라오는 것처럼 보이지만, 나중에 '원래 내 생각이 맞았다'고 말하는 유형
- '기분은 맞춰주되, 결정은 자기 맘대로' 하는 환자다.

❑ 대응 전략

- 반응에 현혹되지 말고 이해도 체크 반드시 해야 한다.
- 예: "방금 말씀드린 내용 중 기억에 남는 부분이 있으세요?"
- 끄덕임은 신뢰가 아니라 '연기'일 수 있다.

> **TIPS 저자의 조언**
>
> 환자가 진료 중 고개를 끄덕이는 행동은 이해와 동의의 표현일 수 있다. 특히 자연스럽고 맥락에 맞는 끄덕임은 의사에게 "잘 듣고 있다"는 신호를 보내며, 진료의 흐름을 부드럽게 만든다.
>
> 하지만 일부 환자는 불안하거나 압박감 속에서 '들어주는 척' 하기 위해 고개를 끄덕이기도 한다. 이런 **보여주기식 끄덕임**은 실제로는 내용을 잘 이해하지 못했지만, **분위기를 맞추기 위한 일종의 보상심리**에서 비롯된다.
>
> 의사는 이를 진심으로 받아들일 수 있지만, 이후 "사실 무슨 말씀이셨는지 잘 몰랐어요"라는 말로 이어질 수 있다. 고개를 끄덕이기 전에, 정말 마음으로 이해했는지를 돌아보는 것이 더 중요하다.

아. 의자 끝에 걸터앉거나 자세가 불안정한 행동

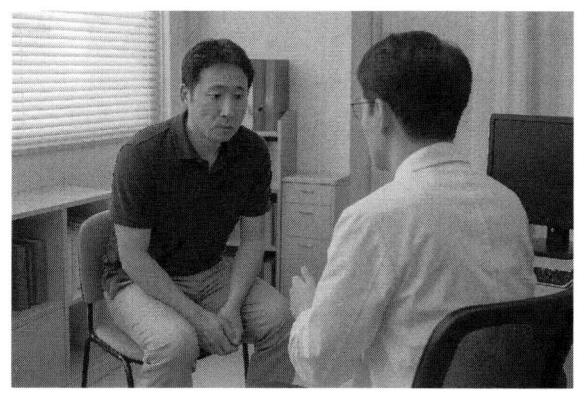

❏ 심리 상태
- 긴장, 불편함, 경계
- 자리 잡지 못한 심리 상태

❏ 진료 적용
- 진료실에 '마음이 들어오지 않은 상태'
- 일단 문턱을 넘었지만, 아직 의사에 대한 신뢰는 형성 안 됨
- 낯선 공간에 대한 불안이 크게 작용

❏ 대응 전략
- 위압적인 태도나 빠른 설명은 금물
- "편하게 앉으셔도 괜찮습니다. 지금 어디가 제일 불편하신가요?"
- 편안한 분위기 유도 후 본론 접근

자. 다리를 꼬는 행동

❏ 심리 상태
- 자기방어, 심리적 거리 두기, 우월감 또는 비판적 태도
- 불편하거나 지루한 상황에서의 태도 조정
- 통제권을 가지고 있다는 인식

❏ 진료 적용
- 의사의 설명이나 태도를 무의식적으로 평가 중
- 신체는 앉아 있지만, 심리는 '한 발 빼고 있는' 상태
- 때에 따라 치료나 권유를 수동적으로 받아들이려는 심리
- 다리 꼬는 방향, 상체와의 조합에 따라 방어 ↔ 우월 의미 변화

❏ 대응 전략
- 과잉 친절이나 억지 공감보단, 논리적 구조와 절차적 설명 강화
- "많이 찾아보시고 오신 것 같네요. 지금 상태에 맞는 방향부터 같이 정리해보죠."
- 시선을 끌기보단 정보를 전달해 신뢰 유도
- 다리를 푸는 순간이 대화 전환점 → 그 타이밍에 중요한 설명 집중
- 태도를 문제 삼지 말고, 태도 너머의 심리를 읽고 대응할 것

| TIPS | 저자의 조언 |

다리를 꼬는 행동은 단순한 습관이 아니라, 무의식적으로 우월감을 표현하는 자세일 수 있다. 특히 상체를 뒤로 젖히고, 의자에 기대앉은 상태에서 다리를 꼰다면 그 가능성은 더 크다. 이런 자세를 취하는 환자들은 대체로 **본인의 생각이 진실이라고 굳게 믿으며**, 진료실에서 의사의 설명을 수용하기보다는 자신의 확신을 관철하려는 태도를 보인다.

통증클리닉, 정형외과의 예를 들면 이런 유형은 운동 트레이너나 필라테스 강사, 요가 지도자처럼 신체에 대한 자기 해석이 강한 직업군이 진료를 보러 왔을 때 흔하게 나타난다. 이들은 본인이 느끼는 통증과 그 원인, 해결 방법에 대해 이미 결론을 내려놓은 상태로 병원을 찾는다. (그 결론은 애석하게도 틀릴 때가 많다.)

즉, 진료는 '상담'이나 '진단'을 위한 방문이 아니라, **본인이 원하는 치료를 지정하러 오는 형태가 된다.** "주사 맞으러 왔어요.", "체외충격파 해주세요." 같은 요청은 이들의 대표적인 발언이다.

의학적으로 더 적합한 치료를 설명해도, 이미 본인이 정한 치료 외에는 듣지 않으려 하며, 설득 자체가 거의 통하지 않는다.

이러한 환자에게 **장황한 설명은 효과가 없다.** 오히려 의사와 논쟁 구도로 빠질 수 있으므로, 치료적 의사결정은 단호하고 간결해야 하며, 가능한 선택지 형태로 제시하는 것이 낫다. 예를 들어 "설명은 드리지만, 의학적으로는 이 방식이 더 적합합니다." 혹은 "환자분이 원하시는 치료도 가능하지만, 그로 인해 생길 수 있는 문제는 이렇습니다." 같은 말이 유용하다.

이들은 본인이 가진 '지식'이 전부라고 생각하고, 의료진의 설명을 참고가 아닌 검증 대상으로 여긴다. 설득하려 들면 거부하고, 방치하면 자기방식대로 밀고 들어온다. 따라서 진료 후에는 환자의 요구와 그에 따른 선택을 명확히 기록해 두는 것이 필수다. 나중에 발생할 수 있는 불만이나 민원에 대비하는 기본 방어선이 되기 때문이다.

병원의 수익만을 우선으로 생각한다면, 환자의 말이 사실과 다르더라도 일단 "그 판단이 맞다"며 맞장구를 쳐준 뒤 치료를 권하는 쪽이 성공률은 높다. 다만, 나중에 기대와 다른 결과가 나왔을 때 "왜 안 낫냐"는 원망을 들을 위험도 그만큼 커진다.

결국, 다리를 꼬고 상체를 젖힌 채 진료를 받는 환자는 **설득의 대상이**

아니라, 관리의 대상이다.

차. 결론

진료실에서 환자의 행동은 가장 명확한 신호다. 그 신호를 읽을 줄 모르면, 진료는 늘 헛발질이 된다. 의사는 말을 잘해야 하는 게 아니다. 잘 읽어야 한다.

이 책에서 소개하는 행동-심리-대응 매뉴얼은 실제 임상에 그대로 적용 가능한 전략이다. 표정과 행동에서 본심을 읽고, 그에 맞는 방식으로 진료를 전개할 줄 안다면, 치료는 이미 절반은 성공한 셈이다.

행동 유형	심리 상태	진료 적용	대응 전략
팔짱 끼기	방어, 거리감, 신뢰결여	의심 많은 첫 방문자	핵심만 질문 섞어 전달, 팔짱 언급 금지
다리 떨기/손가락 두드리기	불안, 조급, 긴장	결론만 원하는 환자	바로 결론, 짧고 구조화된 설명
진료실 둘러봄/산만한 시선	관찰/불신	비교 평가 중 환자	옵션 안내, 간접 신뢰 유도
몸 앞으로 기울이기	집중, 신뢰, 관심	적극적 치료 수용자	정보 집중 제공 타이밍
시계/폰 자주 확인	몰입도 낮음, 피로	진료 경험 평가자	1분 요약, 간결하지만 전문성 유지
물건 만지작거림	불안, 걱정, 회피	거절 못하는 고민 환자	숨은 걱정 꺼내고 해소 중심 설명
고개 자주 끄덕임	인정욕구, '좋은 환자' 이미지	자기 확신 강한 환자	이해도 체크 반드시 필요
의자 끝 걸터앉기	불안정, 경계	진입 전 심리상태	편안함 유도, 부드러운 접근
다리 꼬기	방어, 우월감, 거리두기	의사 평가 중, 치료 지정 요청자	논리 + 절차 강조, 태도는 문제 삼지 않기

06

태도로 환자를 읽는 법

태도로 환자를 읽는 법
진료실에서 마주치는 다양한 유형 분석

가. 지나치게 협조적인 사람

- ❏ 심리 상태
  - 겉으론 친절하지만, 속으론 뭔가 보답받기를 기대하는 중
  - 호혜성(互惠性, reciprocity) 작동: "내가 잘해줬으니 너도 잘해 줘야 한다"는 기대감
  - 일부는 '나는 좋은 환자니까 특별히 대우해줘야지'라는 심리가 깔려 있음
- ❏ 진료 적용
  - 말이 잘 통하는 것 같지만, 의외로 치료 결과에 예민함
  - 치료가 기대치에 못 미치면 "내가 그렇게 공손했는데 왜 이 정도밖에 못 해줘?" 식 반응
  - 결국, 뒤에서 '돌변' 가능성 있는 위험 환자
- ❏ 대응 전략
  - 친절에 맞장구치며 '의리'로 가면 큰코다침
  - 일정한 선 유지 + 일관된 진료

- "도와드릴 수 있는 건 최대한 해드릴게요. 다만 원칙대로 진행하 겠습니다."
- 기대 관리가 핵심이다.

호혜성(reciprocity)

나. "다른 병원에선 완치되던데요?"라는 환자

❑ 심리 상태
  - 비교를 통해 우위 점하려는 태도
  - 불신 + 시험 + 자극
  - 사실은 진짜 완치가 아니라 '그 병원 스타일'에 익숙했던 것뿐
❑ 진료 적용
  - 이 말 듣는 순간부터 전장이 된다.

- 그 병원을 비판해도 안 되고, 자신을 낮춰도 안 된다.
- 가장 흔한 실패는 "왜 거기 안 가시고 여길 오셨어요?" 같은 감정적 반응

'다른 병원에선 완치되던데요?'

❑ 대응 전략
- 농담조 돌려치기 or 중립적 현실 제시
- 예: "젊을 땐 양은냄비도 반짝이지만 오래 쓰면 찌그러지죠."
  "완치는 됩니다. 단지 관리 안 하면 재발하는 겁니다. 혈압, 당뇨처럼요."
  "거긴 사기꾼입니다" → 절대 금지. 욕은 결국 자기 무덤
- 재발의 개념, 시간의 경과, 생체 나이에 따른 진행성 문제 등을 교육형으로 설명

TIPS	저자의 조언

다른 병원의 장점을 나열하는 환자들은 기본적으로 우리 병원에 대한 불만을 품고 있는 경우가 많다. 하지만 그 말 그대로 믿을 필요는 없다. 그들이 말하는 '다른 병원'은 실제로 존재하는 병원이 아니라, **머릿속에서 만들어낸 이상적인 병원**일 가능성이 크다.

그런 말을 들었다고 해서 굳이 요구를 들어줄 필요도 없고, 억지로 반박할 필요도 없다. 그냥 "아, 그러셨군요" 정도의 짧은 반응만 하고 본인 할 일을 하면 된다. 오히려 그런 말을 하면서도 정작 그 병원에 가지 않고 우리 병원을 계속 찾는다는 건, 불만은 있더라도 **우리 병원이 가진 장점이 단점보다 크다는 방증**일 수 있다.

그리고 이런 말을 아무렇지 않게 던지는 환자들은 대부분 기본적인 예의나 매너가 부족하다. 약간은 방어적인 진료가 필요한 환자라는 뜻이다. 비유하자면 식당에 가서 밥을 먹으면서 "옆 가게 김치는 맛있던데요, 여긴 왜 이래요?"라고 말하는 사람은 정상적인 사회성이나 교양을 갖춘 사람은 아닐 것이다. 진료실에서도 마찬가지다. **그런 말을 하는 순간, 이미 그 사람은 어느 정도 선을 넘은 것이다.** 따라서 그 순간부터 적절한 거리를 두어야 한다.

다. 다른 병원 욕하는 환자

❏ 심리 상태
- '자기편'을 만들려는 행동
- '이전 병원이 이렇더라' 하며 공감 유도
- 하지만 이 환자는 나중에 우리 병원도 어딘가 가서 똑같이 욕할 확률 99%

❏ 진료 적용
- 그 병원 비난에 맞장구치면 나중에 발등 찍힌다.

- 특히 내용이 구체적이고 길수록 '성향' 문제인 경우가 많음

❏ 대응 전략
- 고개만 끄덕이고 말 섞지 마라
- "병원마다 치료방식이 다를 수 있습니다" 같은 교과서적 답변이면 충분
- 대화의 주도권을 '앞 진료 비판'이 아닌 '현재 상태'로 돌려야 한다.

TIPS 저자의 조언

누구나 살다 보면 남 험담하기 좋아하는 사람을 한 번쯤 만난다. 특히 공통의 적이 있을 때는 같이 욕하면서 괜히 친해진 것 같은 기분도 든다. 하지만 그런 사람과의 관계가 조금만 틀어져도, 그 자리에 없는 나를 두

고 또 험담할 가능성이 크다.

환자도 마찬가지다. 다른 병원 욕을 열심히 하는 환자는, 결국 **돌아서면 내 병원 욕도 할 사람**이다. 굳이 동조할 필요도 없고, 굳이 반박할 필요도 없다.

다만, 환자가 비난하는 포인트가 우리 병원에도 해당한다면 처음부터 선을 긋고 가는 게 낫다. 예를 들어, 환자가 "대기시간이 너무 길어서 짜증 났다"고 말하는데 우리 병원도 대기가 긴 편이라면, "저희도 대기시간이 좀 긴 편입니다. 직접 주사를 놓는 방식이라 그렇습니다.", "예약제로 하면 오히려 현장 방문 환자들 불편이 커집니다." 이런 식으로 **선제적으로 설명**해야 한다.

중요한 건, "**우린 그렇게 못 해준다**"는 걸 분명하게 **표현**하는 것이다.

그렇지 않으면 환자는 원하는 대로 다 해줄 거라고 착각하고, 결국엔 불만을 쌓게 된다.

라. "제가 소개 많이 했어요"라는 환자

☐ 심리 상태
- 인정욕구, VIP 대접 기대
- 실제로 많이 소개했을 수도 있고, 그냥 입에 붙은 말일 수도
- 기본적 기대치가 높은 환자

☐ 진료 적용
- 특혜를 주지 않으면 섭섭해할 가능성 큼
- 예민한 성향이거나, 대접받는 것에 집착하는 유형

☐ 대응 전략
- "항상 도움 주셔서 감사합니다. 진료는 모두 동일하게 진행되지만, 좋은 분 소개해주셔서 늘 감사한 마음입니다"

- 감정적 보상 → 경제적 보상은 절대 하지 말 것
- "이건 원장님만 해드리는 거예요"라는 말이 필요할 때도 있다.
  (단, 실제로는 다 해주는 것)

TIPS   저자의 조언

사람이 맛집을 다른 사람에게 소개하는 심리는 단순한 친절이나 정보 공유의 차원이 아니다. 그 이면에는 **'내가 먼저 알고 있다'는 정보 우위**, **'내가 알려줘서 도움이 됐다'는 자기 효능감, '좋은 걸 나누는 나는 괜찮은 사람이다'라는 자기 이미지 관리**까지 다양한 동기가 숨어있다. 이는 곧 자신의 안목을 드러내고 싶은 욕구이며, 상대방의 반응을 통해 간접적인 칭찬이나 인정을 기대하는 심리구조다.

이와 비슷하게, 병원을 소개할 때도 사람들은 단순히 "좋은 병원이야"라고 말하는 게 아니라, "내가 다녀본 병원이니까 믿을 수 있어", "나 때문에 너도 도움받을 수 있어"라는 메시지를 전하고 있다. 특히 의료는 건강과 직결된 민감한 영역이기 때문에, 소개자의 책임감과 기대감은 맛집보다 훨씬 더 크고 복잡하다. 실제로 환자가 "제가 여길 소개 많이 했어요"라고 말하는 경우, 그 말은 단순한 자랑을 넘어 **"나도 뭔가 대접받고 싶다"는 보상의 기대**를 내포하고 있다.

따라서 진료실에서는 이 심리를 간파하고, 감정적 인정은 해주되, 치료 과정에서는 절대적인 원칙과 기준을 유지해야 한다. "소개 감사하다"는 말은 충분히 하지만, 실제 진료나 처치에서는 예외 없이 동일하게 적용해야 관계가 무너지지 않는다. 병원도 맛집처럼 누군가의 '자기표현 도구'로 기능할 수 있지만, 그 순간에도 진료는 원칙대로, 감정은 공감 정도로 다뤄야 한다.

마. 이해력이 떨어지는 환자

❏ 심리 상태
- 정보 처리 능력 부족
- 고령 환자나, 교육 수준 낮은 환자에게 흔함
- 설명을 들을 때마다 불안해하거나, 계속 같은 질문 반복

❏ 진료 적용
- 잘못 이해한 채로 주사를 맞거나 치료받고 나서 불만 폭발 가능
- "내가 그런 말 들은 적 없다"라고 우긴다.
- 이런 환자는 설명을 줄이거나, 아예 자기방식대로 하게 두는 것도 방법

❏ 대응 전략
- 설명이 어려웠다며 '의사의 탓'으로 돌리는 유화 전략
 "어머님, 제가 너무 어렵게 설명해 드렸나 봐요"
- 이해력 낮을수록 "그냥 원하는 걸 해주는 게 오히려 낫다"는 선택지 고려
- 이해력 높은 환자에겐 오히려 설명 충분히 하고 내가 원하는 방

향으로 유도 가능

TIPS 저자의 조언

의료현장에서 마주치는 '이해력이 떨어지는 환자'는 단지 개인의 특성이 아니라, 구조적인 문제와 연결되어 있다는 점에서 주목할 필요가 있다. 특히 한국의 경계선 지능 인구 비율을 고려할 때, 이는 예외적인 상황이 아니라, 현실적으로 충분히 자주 마주칠 수 있는 상황이다.

통계적으로 볼 때, **경계선 지능에 해당하는 인구는 전체의 약 13.6%**에 이르는 것으로 알려져 있다. 이는 단순히 학습이 느리거나 지식이 부족한 수준을 넘어, 일상생활에서의 정보 처리와 판단력에 실질적인 어려움을 겪는 집단이다. 이들은 복잡하거나 추상적인 개념에 대한 이해가 어렵고, 언어적 설명을 반복적으로 들어도 맥락을 제대로 파악하지 못하는 경우가 많다. 그리고 이러한 어려움은 특히 의료현장에서 두드러지게 드러난다. 낯선 용어, 긴장감, 의료진과의 위계적 관계 등은 이들의 인지적 부담을 더욱 가중하기 때문이다.

진료실에서는 이와 같은 환자들이 "아니요, 전 그런 말 들은 적 없어요"라고 주장하거나, 이미 설명했던 내용을 반복해서 묻는 모습을 자주 볼 수 있다. 이는 단순한 고집이나 주의력 부족이 아니라, 실제로 한 번에 정보를 받아들이기 어려운 인지적 특성에서 비롯된 것이다. 문제는 이러한 환자들이 **잘못된 이해를 바탕으로 치료를 받은 후, 나중에 문제가 생기면 의료진을 비난하는 방향**으로 불만을 폭발시킬 가능성이 있다는 점이다. 그래서 이런 환자를 진료할 때는 기록을 최대한 자세하게 남겨두면 좋다.

진료 시에는 설명을 단순화하고, 가능한 한 시각 자료나 반복된 예시를 활용하는 것이 좋으나, 때로는 그들의 이해 수준에 맞춰 **'그냥 원하는 대로 하게 두는 것'이 최선일 수도** 있다. 또, 설명을 많이 할수록 오히려 혼란스러워지는 환자도 있다. 이런 경우에는 오히려 설명을 최소화하고, 이해 가능한 단어로 핵심만 전달하며, 가능한 선택지를 좁혀주는 편이 오히려 효과적이다.

바. 방어적인 환자

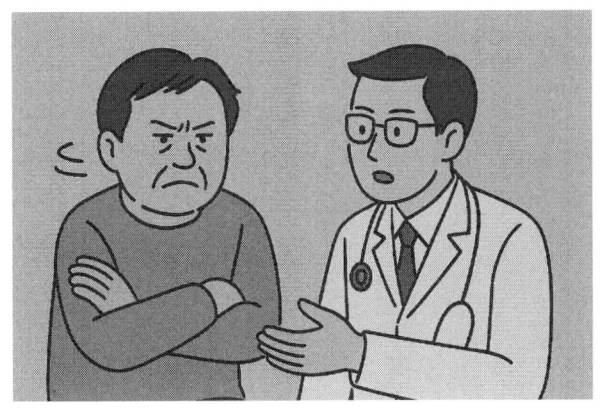

❏ 판단법
- 말을 아낀다. 눈을 잘 마주치지 않는다.
- 팔짱을 끼거나 다리를 꼰 채 몸을 뒤로 뺀다.
- 설명 중에도 고개는 끄덕이나 표정 변화는 없다.

❏ 심리 해석
- 전적으로 믿지 않는다.
- 과거 진료에서 실망했거나, 주변의 부정적인 경험을 들은 경우가 많다.
- 스스로 방어벽을 치고 의사를 시험 중이다.

❏ 대응 전략
- '설득' 금지, '강요' 금지
- 오히려 의심을 인정해줘야 방어가 풀린다.

- 예: "이해가 잘 안 가실 수도 있고, 바로 믿기 어려우실 수도 있습니다. 그래서 천천히 가는 거예요."
- 선택지를 주고 판단을 맡기는 방식:
"당장 결정 안 하셔도 됩니다. 어떤 방향이든 설명은 드릴게요."

사. 공격적인 환자

❏ 판단법
- 말을 끊거나, 비웃거나, 말투에 공격성이 실림
- "그게 말이 돼요?", "그런 식으로 해봤자 안 나아요"
- 의사 외에도 직원, 간호사에게도 고압적

❏ 심리 해석
- 불안을 분노로 표현하는 유형
- 통제를 못 하면 위협으로 돌입

- '지배와 복종' 구조로 상황을 끌고 가려 한다.

❑ 대응 전략
- 정면승부 금지: 이긴다고 좋은 게 아님
- 단호하고 차분하게 의사와 병원 시스템의 선을 제시
- 예: "그런 말씀을 하시면 더는 진료를 이어가기 어렵습니다."
- 최대한 정중하게, 그러나 단단하게 말하라.
- 감정적 대응 = 패배

TIPS 저자의 조언

공격적인 환자는 대부분 과거에 **자신의 공격성을 이용해 원하는 것을 얻어본 경험이 있는 사람**이다. 이들은 상대를 지배하거나 복종시키는 방식으로 상황을 유리하게 이끌어가려는 경향이 있다. 그러므로 이러한 환자의 요구를 무조건 들어주기 시작하면, 그 순간부터 이미 '지배의 프레임' 안에 들어가게 되는 것이다.

어떤 의사들은 이런 환자에게 정면으로 맞서려 한다. 하지만 이는 오히려 환자의 폭력성을 자극하거나, 결과적으로 의사 본인만 감정적으로 상처를 입고 끝나는 경우가 많다. 공격적인 환자가 병원에 대해 불쾌한 감정이 있으면서도 굳이 내원하는 이유는, 그가 **병원에서 얻어가고 싶은 것이 있기 때문**이다. 그것이 치료든, 약 처방이든, 진단서든 어떤 형태든 말이다.

이럴 때 가장 중요한 원칙은, **병원의 시스템대로, 정해진 진료 원칙대로만 대응하는 것**이다. 순간적으로 분위기를 무마하기 위해 환자의 요구를 특별히 들어주기 시작하면, 그때부터는 앞으로도 계속 환자에게 끌려다닐 수밖에 없다. 결국, 환자가 병원을 지배하게 되는 구조가 형성되는 것이다.

만약 환자의 요구를 들어줄 수 없는 상황이라면, **절대 감정적으로 대응해서는 안 된다.** 차분하고 명확하게, 왜 그 요구를 수용할 수 없는지를 설명해야 한다. 그러면 환자는 두 가지 선택지 중 하나를 택할 수밖에 없다. 병원과 의사의 방침에 따르거나, 따르지 않거나. 중요한 것은, 어떤 선택을 하든 결국 자신이 원하는 것을 얻지 못할 수 있다는 사실을 스스로 깨닫게 하는 것이다.

이런 환자들은 자신의 요구가 받아들여지지 않으면 간혹 폭언이나 위협적인 언행으로 감정을 표출하기도 한다. 그러나 **병원으로서는 오히려 이것이 명백한 '진료 거부 사유'**가 될 수 있으므로, 법적으로 정당한 대응이 가능해진다. 결과적으로, 원칙을 지키며 흔들리지 않는 대응이 장기적으로 가장 현명하고 안전한 길이 된다.

아. 거짓말하는 환자

❏ 판단법
- 병력이나 치료 이력에 일관성이 없다.
- "예전에 어디서 맞았는데 기억은 잘 안 나고요…"
- 통증 위치, 기간 등을 자꾸 바꿔 말함

❏ 심리 해석
- 의도적으로 정보를 감추는 예도 있고 자기 기억을 미화하거나 조작하는 예도 있다.
- 민폐형보단 책임 회피형이다.

❏ 대응 전략
- 진실을 밝히려 들지 마라. 대개는 시간낭비
- "그럼 저희는 이 상태 기준으로 새로 판단하고 치료하겠습니다"
- 현재 상태와 앞으로의 계획에만 집중해야 한다.
- 과거는 기록이 없으면 없다.

자. 말이 많은 환자

❏ 판단법
- 증상 설명에 개인사, 감정, 사회적 이슈까지 섞임
- 끊지 않으면 10분도 모자람
- 말을 많이 하지만 핵심이 없다.

❏ 심리 해석
- 외로움, 인정욕구, 혹은 단순한 병적 수다증
- 진료보다 자기 이야기를 하고 싶은 것
- 치료보단 '대화 상대' 찾는 경우도 많음

❏ 대응 전략
- 말 다 들어주면 끝장
- 초반에 1분 정도만 듣고 중간에 끊는다.

"이 부분만 정리해서 말씀드릴게요"
- 일단 '환자 말 요약하기'로 주도권 회수
"요약하자면 오른쪽 어깨가 두 달 전부터 아프시고, 최근에 악화됐다는 말씀이시죠?"

차. 질문이 많은 환자

❏ 판단법
 - 설명 끝날 때마다 또 질문
 - "그건 왜요?", "그럼 이럴 땐요?"
 - 의심성 질문인지, 단순 이해의 욕구인지 애매할 때도 많다.
❏ 심리 해석
 - 치료에 대한 두려움
 - 불신형 vs 공부형 → 반드시 구별해야 함

- 공부형이면 오히려 협조 잘 됨
- 불신형이면 설명을 악용해서 의사를 논리로 때림

❏ 대응 전략
- 처음 몇 개는 진지하게 들어줌. 이후엔 구조화 필요
- "그 부분은 이따가 치료계획 설명할 때 같이 말씀드릴게요"
- 의심성 질문엔 반질문 대응

  "그건 왜 궁금하신가요?" → 본심 드러남

카. 자기가 주인인 사람

❏ 판단법
- "다른 병원은 이거 해줬는데 여긴 왜 안 해줘요?"
- 가격, 치료방식, 대기시간 등 전반에 간섭
- 분위기 불편하게 만들며 '갑질형 환자'

❏ 심리 해석
- VIP 콤플렉스
- 의사를 서비스 제공자 이상으로 보지 않음
- '돈 안 쓰면서 특별대우 요구'하는 경우도 다수

❏ 대응 전략
- 경제적으로 이바지하는 환자라면 최소한의 존중은 보여줘야 함
- 그렇지 않으면, 일정 선에서 단호하게 선 긋기
- "치료는 병원 방식대로 진행됩니다. 불편하시면 다른 선택도 가능하십니다."

- 어떤 경우든 의사의 주도권 유지가 핵심

타. 결론을 다 내리고 온 환자

❑ 판단법
- "이건 근육 뭉친 거에요", "운동하다 그랬어요", "엑스레이는 안 찍어도 돼요"
- 의사의 설명은 자기 판단 확인용
- 이미 자기 결론이 있음

❑ 심리 해석
- '검증자'가 필요해서 온 환자
- 치료보단 자기 확신이 우선

- 자기는 똑똑하다고 믿는 유형 많음 (헛똑똑이)
❏ 대응 전략
- 굳이 정면 반박하지 말고, 사실 확인만 반복
- 예: "지금 보이는 소견은 근육 긴장도 있지만, 관절 자극도 같이 있습니다"
- 확신에 힘을 실어주되, 의학적 판단은 따로 전달
- "말씀하신 게 일정 부분 맞습니다. 다만 여기에 더해 이런 요소도 있습니다"

파. 비교하는 환자

❏ 판단법
- "다른 데선 바로 좋아졌는데 여긴 왜 안 돼요?"
- "그 병원은 이렇게 해줬는데…"
- 치료 전부터 '비교 시비' 시작
❏ 심리 해석
- 자존심 건드리고 싶은 심리
- 비판을 통해 우위를 점하고 싶어 함
- 결국, 자기 합리화 중이다
❏ 대응 전략
- 감정 대응 금지, 비교 인정도 금지
- 중립적 언어 사용
- 예: "병원마다 방식은 조금씩 다릅니다. 지금 상태에선 이 방식

이 더 적합하다고 판단됩니다"
- 비교 말고 현재만 말하라

하. 의심이 많고 믿지 않는 환자 (걱정이 많은 환자)

- ❑ 판단법
  - "그게 진짜 맞아요?", "다른 말 하던데요?"
  - 어떤 말에도 다시 반문
  - 고개를 끄덕이지 않음
- ❑ 심리 해석
  - 모든 시스템에 대한 불신
  - 경험적 피해자거나, 선입견 강한 사람
  - 본인은 합리적이라고 착각 중
- ❑ 대응 전략
  - 숫자와 군중심리 활용
  - "오늘도 이 주사 30명 넘게 맞았습니다"
  - '당신만 이상한 게 아니다'를 부드럽게 주입
  - 최후엔 "혹시 더 신뢰가 가시는 병원 있으시면 그쪽도 좋습니다"
  - 말 안 통하면 의사가 물러나야 이긴다.

거. "나는 몰라요, 알아서 해주세요"

- ❑ 판단법

- "선생님이 해주시는 대로요", "저는 아무 생각 없어요"
  - 책임은 전적으로 의사에게 전가
  - 결과가 나쁘면 돌변 가능성 있음
- ❏ 심리 해석
  - 책임 회피형
  - 겉으론 순종형이지만, 뒷심은 없음
  - 실제로는 판단력이 부족하거나 불안을 감추는 방식

- ❏ 대응 전략
  - 반드시 선택지를 주고, 본인 결정 유도
  - "두 가지 방법이 있습니다. ○○과 ○○인데요. 어떤 게 더 나으실까요?"
  - "저는 ○○ 추천해 드리지만, 결정은 환자분 몫입니다"
  - 말은 넘겨도 결정은 넘기지 마라.

> **TIPS** 　**저자의 조언**

이런 환자의 속마음은 이거다.
'나는 고민하기 싫으니까, 네가 알아서 치료해. 결과가 안 좋으면 그건 너의 책임이야. 내가 결정한 게 아니니까.'

이런 환자한테 아무 생각 없이 "○○치료를 합시다"라고 하면 나중에 후폭풍이 온다. 꼭 이런 말을 하게 돼 있다.
"원장님이 하라는 대로 다 했는데 왜 안 낫죠? 시키는 대로 다 했잖아요. 피해보상 해주세요."

이런 상황을 피하려면 치료 방향을 정할 때 환자한테 선택하게 해야 한다. 각 치료의 근거, 예후, 목적을 설명하고 "어떤 치료를 먼저 해보시겠어요?"라고 물어보는 게 맞다.

근데 이런 환자들, 아무리 설명을 해줘도 꼭 같은 말만 반복한다.
"알아서 해주세요. 선생님을 믿어요."

여기서 '아, 환자가 나를 신뢰하나 보다'라고 생각하면 큰 착각이다.
그럴수록 다시 한번 물어봐야 한다.
"어떤 치료를 해보시겠어요?"

그래도 계속 미루면 그냥 이렇게 말하면 된다.
"그럼 다음에 좀 더 고민해보시고 정하세요."

그 사람이 원하는 대로 해주면 결국 손해는 우리 몫이다. **항상 선택의 책임은 환자에게 넘겨야 한다.**

너. 가정법 환자

❏ 판단법

- "이거 하면 나중에 어떻게 되나요?", "만약 이게 아니면요?"
- 설명할수록 더 많은 가정이 나옴
- 걱정과 불안이 깊음

❏ 심리 해석

- 불확실성에 대한 공포
- 책임 회피보다도, 미래에 대한 상상력이 과도한 유형
- 특히 젊은 층, 지식 많은 층에서 흔함
❏ 대응 전략
- 의학에 절대는 없다는 점을 먼저 고지
- 그다음은 확률 언어로 안정감 제공
- "지금까지의 데이터로 보면 90% 이상은 ○○ 방향으로 가고요, 혹시 아닌 경우엔 이 방식으로 대처하게 됩니다"

TIPS 저자의 조언

불확실성에 대한 공포가 큰 환자일수록 자꾸 가정법으로 질문을 던진다. "만약에 이 치료를 안 하면 어떻게 되나요?", "혹시 나중에 더 나빠지진 않겠죠?" 같은 식이다. 이런 질문 뒤에 깔린 심리는 결국 하나다.
'확실한 결론을 듣고 싶다. 변하지 않는 진실을 알려달라.'
인간의 기본적인 심리에는 불확실한 상황을 피하고 싶어 하는 본능이 있다. 그래서 조금이라도 명확한 대답을 찾으려는 거다.

문제는 현대 의학이라는 게 애초에 확률에 기반한 판단일 수밖에 없다는 점이다. 정확하게 예측할 수 없는 영역이 훨씬 많고, 시간에 따라 상황이 달라질 수도 있다. 즉, 환자가 원하는 만큼의 '확신'은 줄 수 없는 구조다.

여기서 환자가 계속 물어본다고 귀찮다고 절대적인 답을 툭 던져버리면, 그게 나중에 발목 잡는 일이 된다. 결과가 다르게 나왔을 때 **"그땐 분명 이렇게 말씀하셨잖아요"** 라는 말이 돌아올 수 있다. 그래서 어떤 경우든 쉽게 단정 짓지 말고, 의학이 가질 수밖에 없는 한계를 미리 설명해 두는 게 중요하다.

더. "낫게만 해주면 소개 많이 해드릴게요"형 환자

- ❏ 전형적 멘트
  - "저만 잘 치료해주시면, 주변에 아는 분들 많거든요. 소개 많이 해드릴게요."
  - "여기 잘하면 입소문 금방 납니다."
  - "우리 동호회 사람들 다 저한테 물어보거든요."
- ❏ 심리 해석
  - **보상 유보형** 진료비나 치료의 정당한 대가를 당장은 인정하지 않고, '앞으로 제공할 무형의 가치(=지인 소개)'로 거래하려는 태도. 본질은 환자 중심의 권력 관계 설정 시도
  - **관계 중심의 보상 논리** 치료 자체보다 관계로 얻는 이익에 더 관심 있음. → 의료의 질보다 '내가 얼마나 특별한 대접을 받는가'에 민감
  - **거래적 사고방식** 환자와 의료진 간 신뢰나 진료 계약이 아닌, 일종의 서비스-보상 구조를 상정. 치료 결과가 조금이라도 기대에 못 미치면, "이 병원은 별로다"로 돌변 가능성 있음
- ❏ 실전 대응 전략
  - **기대치 선 긋기** "소개는 감사하지만, 일단 치료는 치료대로 정직하게 진행하겠습니다.", "결과가 보장되는 게 아닌 만큼, 치료는 환자 상태에 따라 달라질 수 있습니다."
  - **조건부 보상 유도에 말리지 않기** 지인을 데려오든 말든 치료는 의학적 판단 기준으로 간다는 선 긋기. 애초에 '잘하면 소개해줄

게' 식 조건 제시는 받아들이지 않는 태도를 보여야 함
- **기록 남기기** 이런 유형은 치료 후 불만 제기 시 "내가 사람들 소개 안 했으면 어땠겠냐", "내가 소개도 많이 해줬는데 나에게 이러면 되느냐" 식의 역관계를 만들려는 경우도 있음. 진료 의사결정과 진행 과정에 대해 반드시 상세 기록 필요

❑ 결론
- "소개해줄게요"는 협박일 수도, 허세일 수도 있다. 의사는 그 말에 반응하지 말고, 결과로 말하고, 기준으로 대응하라. '지인 소개'를 보상으로 거래하려는 태도에 동조하는 순간, 환자에게 끌려갈 수밖에 없다.

러. "내가 ○○대학병원 ○○교수에게 진료받았어요"형 환자

❑ 전형적 멘트
- "○○대학병원 김○○ 교수님한테 진료받았었어요."
- "그분이 저보고 ○○ 치료하라고 하셨거든요."
- "저도 대학병원 오래 다녔는데요…"

❑ 심리 해석
- **권위소환형** 자신의 선택이나 판단을 유명한 의사 이름으로 정당화하려는 태도. 자신의 판단력에 권위를 덧씌워, 의료진을 압박하거나 우위를 점하려는 심리
- **시험형 환자** "당신은 그 사람보다 잘하냐?"는 암묵적 비교 구도. 의사의 설명을 듣는 게 아니라, '검증'하려는 자세로 임함
- **이중보상 추구** 대학병원의 권위 + 개인병원의 편리함을 동시에

얻으려는 경향. 치료는 쉽게, 품질은 높게, 태도는 권위적으로 요구함

☐ 실전 대응 전략

- **권위 대결 프레임에서 빠져나오기** "김교수님 진료받으셨으면 큰 방향은 잘 잡으셨을 겁니다.", "저는 그 진단을 바탕으로 현재 상태를 다시 보겠습니다." 맞대응하지 말고, 연결-확장형 대화로 구조 바꿔야 한다.
- **자기주장 확인 후, 치료 주도권 확보하기** "그 교수님이 제시한 방법 외에 다른 선택지는 혹시 고려해보셨나요?" 환자가 고집하는 방식 외에도 다른 판단 여지가 있음을 유도해야 함
- **기록을 활용해 방향 정리** "그때 받은 자료가 있으시면 같이 보고 결정하겠습니다." 대학병원 이름은 권위지만, 자료는 팩트다. 자료로 대화 구도를 전환할 것

TIPS 저자의 조언

이런 유형의 환자는 단순히 병원명이나 의사 이름을 언급하는 것이 아니다. '김 교수님이 그렇게 말씀하셨다'는 식의 말 뒤에는, 그 권위자의 이름을 통해 자신의 존재를 더 높게 포장하려는 심리가 숨어 있다. 실제로 그 교수가 무엇을 진단했는지는 중요하지 않다. 중요한 건 "나는 그런 사람과 연결돼 있는 특별한 환자"라는 인상을 의사에게 심어주려는 시도다.

진료실에서 또 다른 유명 의사의 이름을 꺼내는 이 행동은 사실상 **"당신은 그 정도 급입니까?"라는 무언의 시험**이다. 본질은 치료 그 자체가 아니라, 위계 안에서 자신의 위치를 다시 확인받고 싶은 인정욕구에 가깝다.

이런 환자를 상대할 때는 권위에 맞서거나 비교 경쟁에 휘말리지 말고, 오히려 **'나는 당신에게 가장 적절한 판단을 내리는 사람, 당신에게 지금 현재 제일 필요한 사람'**이라는 인상을 주는 쪽으로 자신을 포지셔닝해야 한다. '유명인을 앞세우는 환자'는 결국, 지금 당신도 시험 중이다.

머. 반말하는 환자

진료실에서 반말하는 환자는 대개 심리적 우위를 점하려는 의도나 불안의 방어기제를 드러낸다. 특히 나이 차이나 사회적 지위에 따라 말투로 권위 관계를 설정하려는 경우가 많다. 이 같은 태도는 종종 **열등감과 피해의식**에서 비롯되며, 자신이 무시당하지 않으려는 과도한 반응에서 나타난다.

때로는 단순한 언어 습관일 수도 있지만, 진료 흐름을 방해하거나 위협적으로 작용할 수 있다. 이에 대해 **정면으로 지적하기보다는 전문성과 단호한 태도로 주도권을 유지**하는 것이 효과적이다. 반말에 휘둘리지 않고, 진료의 중심을 건강 문제로 옮기는 질문으로 자연스럽게 전환하는 전략이 중요하다. 감정적 대응은 오히려 갈등을 키우므로 피해야 하며, 의사는 말투보다 행동과 맥락을 읽고 전체 관계를 조율해야 한다.

말보다 태도가 진짜다. 태도를 보면 환자의 욕망, 불안, 방어기제, 계산이 그대로 드러난다. 진료는 치료가 아니라 판단의 싸움이다. 말에 속지 말고, 태도를 읽어라. 그게 진짜 진료다.

태도 유형	심리 상태	진료 특성	대응 전략
지나치게 협조적	호혜성 기대, 친절 뒤 기대감	결과 예민, 돌변 가능	선 긋기, 일관된 진료, 기대 관리
'다른 병원은 완치' 언급	불신 + 시험, 비교 우위 심리	감정적 반응 유도	중립적 대응, 재발 개념 교육
다른 병원 욕함	자기편 만들기, 성향 문제	우리 병원도 욕할 가능성	고개만 끄덕, 중립적 응답
'소개 많이 했어요'	인정욕구, VIP 기대	보상 기대, 예민	감정적 인정, 경제적 특혜 금지
이해력 부족	인지력 저하, 불안	오해 후 불만 가능	단순화, 이해도 낮을수록 설명 줄이기
방어적인 환자	불신, 시험 중	설득 반발, 신뢰 낮음	의심 인정, 선택지 제시
공격적인 환자	불안 → 분노, 통제욕	고압적, 갈등 유발	정중하지만 단호하게 선 긋기
거짓말하는 환자	책임 회피, 과거 조작	정보 불일치, 신뢰 어려움	과거 무시, 현재 기준으로 판단
말이 많은 환자	외로움, 인정욕구	핵심 없음, 시간 소모	요약으로 주도권 회수
질문 많은 환자	불안, 의심 or 학습욕	설명 악용 가능	처음만 진지하게, 구조화된 답변
'알아서 해달라' 환자	책임 회피, 불안 은폐	결과 불만 시 책임 전가	반드시 선택지 제시, 결정 유도
가정법 환자	불확실성 공포	확신 요구, 과도한 상상력	확률 언어로 안정감 제공
'자기가 주인' 환자	VIP 콤플렉스, 통제욕	갑질형, 구조 간섭	원칙 고수, 주도권 유지
결론 내리고 옴	확신 우선, 검증자 태도	설명 무시 가능	사실 기반 보완 설명
비교하는 환자	우위 확보 욕구	비판적 태도, 자기 합리화	중립적 설명, 비교 인정 금지
의심 많은 환자	불신, 경험 기반 방어	반문 반복, 설명 무력화	군중심리·수치 활용 설득
'소개해줄게요'형	보상을 미끼로 주도권 쥐려는 거래형	특별대우와 관계이익 중시	기준대로 치료하고 기대치에 선 긋기
○○교수 언급형	자기를 포장, 의사를 시험함	치료보다 권위 비교에 집중	진단을 연결·확장하며 주도권 확보
반말하는 환자	열등감 + 불신 결합	주도권 경쟁	감정 배제, 단호한 응대

202X년 한 통증클리닉 진료실

의사: 안녕하세요. 어디가 안 좋아서 오셨나요?
환자: 허리가 아파요.
의사: 언제부터 아프셨나요?
환자: 좀 됐어요.
의사: 그 좀 아프다는 게 얼마를 말하는 건가요?
환자: 잘 모르겠는데, 몇 달 된 것도 같고….
의사: 어디가 아프신가요?
환자: 그냥 다 아파요.
의사: 어떨 때 통증이 심해지는 것 같으세요?
환자: 그냥 계속 아파요. 많이 아파요.
의사: 증상을 구체적으로 말씀해주셔야 진단할 수 있습니다.
환자: 1주일에 3번씩 풋살도 하고 헬스도 하는데 아파요. 주사 맞으면 안 아프나요?
의사: 원인에 따라 다르지만 심한 통증은 빨리 줄어드는데, 지금처럼 운동하시면 다시 아파질 수 있어요.
환자: 그러면 주사는 왜 맞는 건가요?
의사: 심한 통증을 빨리 완화해 일상생활로 빨리 복귀를 하기 위해서입니다. 지금 강도 높은 운동을 하는 걸로 보아, 통증의 세기는 높은 편은 아닐 것으로 생각됩니다. 따라서, 먼저 보존적 치료부터 해볼까요?
환자: 아니 아프다니까요. 의사가 그렇게 이야기하면 안 되죠. 많이 아프니까 병원에 왔죠. 거참 기분 나쁘네.
의사: (하. 의사하기 싫다.)

놀랍게도 실제 매일 수십 번 벌어지는 일입니다.

07

외모 환자를 읽는 법

외모로 환자를 읽는 법
진료실에 들어서기 전 이미 모든 게 보인다

Red flag sign은 말 그대로 경계해야 할 신호다. 아래에 대표적인 외모 red flag sign을 기술해 두었다.

아래에 기술된 외모를 가진 환자가 무조건 문제가 된다는 뜻은 아니다. 하지만 다음 중 2개 이상이 동시에 보이면, 대체로 협조도 낮고, 감정조절 안 되며, 분쟁 가능성이 클 수 있다.

가. 금팔찌 & 금시계

- ☐ 금팔찌 환자의 심리
  - **과시욕이 강하다** 금팔찌는 단순한 장신구가 아니라 "내가 돈이 있다", "나는 보통 사람이 아니다"라는 신호를 타인에게 보내는 수단일 수 있다. 이런 환자는 자존감이 외부 인정에 많이 의존하는 경향이 있다. '치료를 잘 받는 것'보다 '내가 어떻게 대접받는지'에 더 민감할 수 있다.
  - **사소한 일에도 민감하게 반응** 접수 순서, 말투, 설명 태도 등 작은 차별이라도 예민하게 인식할 가능성이 높다. 이는 "나는

특별 대우를 받아야 마땅하다"는 인식이 무의식적으로 깔려 있기 때문이다.

- **기세 싸움을 유도할 수 있다** 금팔찌 착용자는 실제로 진료실 안에서 서열 구조를 만들려고 시도하는 경우도 있다. 말을 끊거나, 무시하는 발언을 하거나, 위협적인 몸짓으로 기선 제압을 하려는 식이다.

❑ 진료 시 주의점

- **"기본은 하되, 특별대우는 하지 않는다"** 처음부터 너무 고분고분하게 대하면 그걸 '기본권'이 아니라 '지배권'으로 오해한다. 기본적인 예의와 설명은 지키되, 불필요한 감정적 서비스나 예외 처리는 금물이다.
- **말투는 부드럽게, 내용은 단호하게** "죄송하지만 저희는 이런 기준으로 치료하고 있습니다" 같은 포맷화된 단호한 설명이 필요하다. 분명하고 일관된 태도를 유지하지 않으면, 요구 수위가 점점 올라간다.
- **권위로 눌러선 안 된다, 시스템으로 대응하라** 의사도 감정적으로 반응해서 기 싸움을 벌이면, 진료가 아닌 싸움판이 된다. 개

인적인 태도로 맞서지 말고, "이건 병원 전체 시스템의 기준"이라는 식으로 객관화된 프레임을 제시하는 것이 유리하다.

❏ 결론
- "돈 냄새 나는 팔찌에 흔들리지 말고, 원칙을 지키되 감정은 빼라." 그게 금팔찌 환자를 안전하게 진료하는 법이다.

나. 노란머리, 보라머리, 형광머리, 장발, 꽁지머리, 수염 등

이런 스타일(노란머리, 보라머리, 형광머리, 장발, 꽁지머리, 수염)을 가진 환자들은 단순히 미용 취향을 넘어선 특정 심리적 경향을 반영하는 경우가 많다. 모두 그런 것은 아니지만, 실제 진료실에서 자주 관찰되는 행동·대화 패턴이 있으며, 거기에 따른 진료 전략도 필요하다.

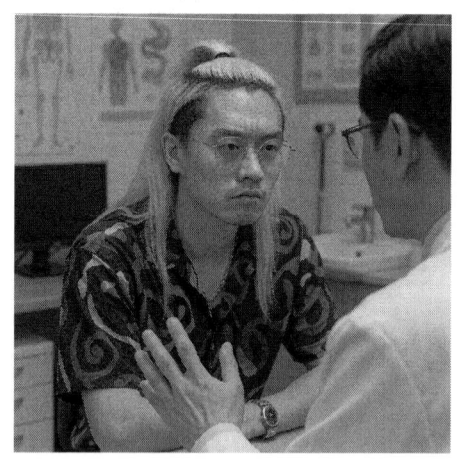

❏ 심리 해석
- **강한 자기표현 욕구** 이들은 외모로 자신을 드러내고 싶어 한다. 평범한 기준에 맞추기보다는 "나는 다르다", "나는 나만의 색깔이 있다"는 메시지를 시각적으로 투사한다. 이는 외형뿐 아니라 말투, 주장, 반응에서도 나타나며, 자기중심적 시각이 강한 경우가 많다.
- **타인 시선에 민감하거나 반대로 무감각** 두 방향이 모두 가능하다. 일부는 "사람들이 날 보게 하려고" 그런 외형을 택하고, 일부는 "누가 뭐래도 나는 내 방식대로 산다"는 투철한 개인주의에서 출발한다. 두 유형 모두 타인의 통제나 권위에 저항하는 기질을 가지고 있을 수 있다.
- **감정 반응이 과장되거나, 예측이 어려움** 외형적으로 개성이 강한 경우, 내부적으로도 감정 조절력이 약한 사례가 많다. 불쾌한 말을 들었을 때 바로 얼굴이 굳거나, 사소한 지적에도 발끈하는 반응을 보일 수 있다. 의사가 평소대로 설명했을 뿐인데 "비꼬는 거냐", "무시하는 거 아니냐"로 받아들이는 케이스가 대표적이다.

❏ 진료 시 주의점
- **'표현 욕구'를 억누르지 말라** 이런 환자에게 너무 단호하고 권위적인 태도로 접근하면 바로 벽이 생긴다. 반응 없이 통제하려고 하지 말고, 한두 마디는 상대의 이야기를 먼저 들어주는 여유가 중요하다.
- **말을 길게 끌지 말고, 구조화된 설명 사용** 감정 조절력이 낮을

수 있으므로 복잡하고 모호한 설명은 피하고, "이건 ○○이고, 그래서 ○○한 치료가 필요합니다"처럼 간결하고 단정적인 구조로 설명하라. 불필요한 여운을 남기면 오해나 감정 해석으로 이어질 수 있다.
- **의사의 태도보다 '논리'와 '기준'을 앞세워라** "원장님이 기분 나쁘게 말해서 싫었다"는 식의 공격을 막으려면, 진료 중 의사 개인의 주관보다 병원 시스템, 치료 기준, 진단 프로세스에 기대서 말하는 게 좋다.
  예: "이건 저희 병원에서 모든 환자분들께 다 동일하게 설명드리는 기준입니다."

❏ 결론
- 이런 환자들의 핵심 메시지는 "나는 남들과 다르게 다뤄져야 해"다. 하지만 실제 진료에서는 모두에게 똑같은 기준을 적용하되, 말의 방식만 살짝 조정하면 충분히 안정적인 진료가 가능하다. 즉, 말의 내용은 똑같이, 말의 포장만 살짝 다르게. 그게 이 유형 환자를 다루는 핵심이다.

다. 색안경(컬러 선글라스)

❏ 컬러 선글라스 착용 환자의 심리
- **자기 표현 강함 + 비일상성 추구** 보통 사람들은 실내나 병원 같은 공식적 공간에서는 선글라스를 벗는다. 그런데 색깔 있는 선글라스를 그대로 쓰고 있다는 건, 단순한 시각적 필요를 넘어

서 "나는 다르다", "나는 내 방식대로 행동한다"는 강한 자기표현이 깔려 있을 가능성이 높다.
- **시선 차단으로 심리적 거리 유지** 선글라스는 상대방의 시선을 차단하는 도구다. 즉, 눈을 들키고 싶지 않다는 건 감정을 감추고 싶거나, 반대로 상대의 감정도 굳이 알고 싶지 않다는 태도다. 이런 사람은 대화를 나눠도 감정적 교류를 차단한 채 건조하게 응대할 수 있다.
- **통제욕, 의심, 방어기제 작동** 일방적으로 관찰하고 싶어 하는 태도일 수 있다. 즉, 자신은 관찰자는 되고 싶지만, 피관찰자는 되고 싶지 않은 태도. 이는 기본적으로 경계심과 통제욕에서 비롯된 심리다.

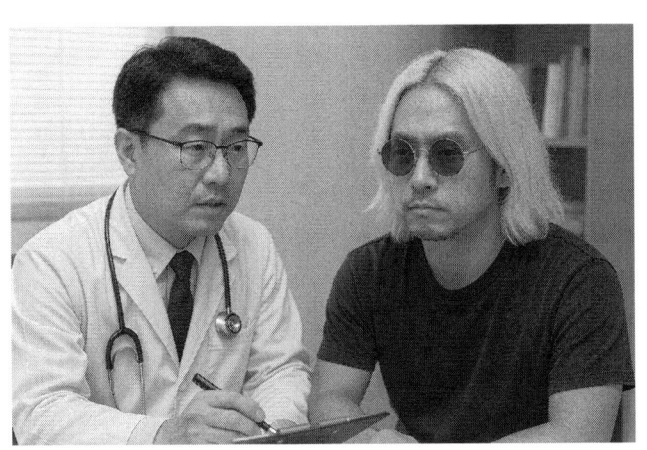

❏ 진료 시 주의사항

- **절대 벗으라고 강요하지 말 것** "선글라스 좀 벗으세요"라고 하면 바로 적대감 유발 가능
- **눈 맞춤이 안 되더라도 당황하지 말 것** 시선 피한다고 혼잣말하거나 분위기 얼어붙을 수 있음. 말의 구조와 목소리 톤으로 신뢰 쌓아야 함
- **말의 톤은 부드럽게, 내용은 단호하게** 방어적 심리를 자극하지 않되, 진료 주도권은 의사가 가져가야 함

색안경을 낀다는 건, 세상을 자기 기준으로 보고 싶다는 뜻이고, 의사를 있는 그대로 믿지 않겠다는 무언의 메시지일 수 있다. 따라서 컬러 선글라스는 단순 액세서리가 아니라, 심리적 방패일 가능성이 크다. 진료실에서는 그 방패를 억지로 벗기려 하지 말고, 그 너머로 설득하는 기술이 필요하다.

라. 개량한복

❑ 개량한복 환자의 심리 해석
- **"나는 일반적이지 않다"는 자기 연출 욕구** 전통의상은 실용성보단 '표현성'이 강한 복장이다. 이를 병원처럼 공적이고 기능 중심의 공간에 입고 온다는 건, 자기 정체성과 가치관을 외부에 드러내고 싶다는 욕구가 깔린 것이다. 즉, "나를 일반 환자처럼 다루지 말라"는 비언어적 요구가 포함돼 있다.
- **특이한 세계관 또는 해석 체계** 일부 개량한복 환자는 종교적 신

념, 대체의학 신봉, 자연주의 철학 등을 강하게 믿고 있으며, 통상적인 의학적 설명에 저항하거나 본인만의 논리를 끼워 넣으려는 성향이 있다. 대표적으로 "항생제는 독", "혈액순환이 막혀서 그렇다", "자연치유가 답이다" 등의 표현이 자주 등장한다.
- **의사를 '동등한 상담자' 또는 '시험 대상'으로 보는 시선** 위계 구조보다는 상호 대화형 구조를 선호하며, 의사의 설명을 경청하기보다는 "이 사람이 얼마나 통하는 사람인가"를 판단하려는 태도로 진료실을 바라본다.

❏ 진료 시 주의사항
- **권위적 태도 금물 → 설명형 접근**
 개량한복 환자에게 "이건 이렇게 하셔야 합니다" 같은 단정형 명령문은 즉각적인 반감을 유발할 수 있다. 대신 "보통은 이런 경과가 많고요, 그래서 이런 방향을 추천드립니다"처럼 의사결정의 여지를 일부 열어주는 설명형 커뮤니케이션이 효과적이다.
- **말이 길어지기 쉬우므로 핵심은 먼저 던질 것**
 이들은 자신만의 이야기, 철학, 병력 설명이 길어질 수 있으므로, 초반부터 의사가 말을 끊고 "핵심이 어떤 부분이실까요?"라고 리드해야 진료가 진행된다.
- **과학적 설명보다는 경험 중심 어휘 사용**
 "논문에 따르면…" 보다는 "비슷한 경우에 이런 치료가 효과가 좋았습니다"

즉, 환자 관점에서 상상하기 쉬운 언어로 구조화할 필요가 있다.

마. 종교적 색채가 강한 환자

종교적 색채가 강하게 드러나는 환자는 단순히 신앙심을 표현하는 것을 넘어, 때로는 자신의 종교적 세계관을 의학적 판단과 치료 과정에 적극적으로 개입시키려는 경향을 보이기도 한다. 이러한 환자들은 진료실에서 일반적인 의학적 설명에 잘 반응하지 않거나, 자신의 신념 체계를 우선시하여 의사의 치료 제안을 해석하거나 거부하는 모습을 보일 수 있다. 이로 인해 진료가 원활하게 이루어지지 않거나, 불필요한 마찰이 생기는 경우도 존재한다.

본 장에서는 그러한 특이 사례에 해당하는 환자의 사고방식과 행동양식을 분석하고, 진료 현장에서 의사가 실질적으로 어떻게 대응할 수 있을지를 중심으로 정리하였다. 다만 이 내용은 모든 종교인에 대한 일반화를 의미하지 않으며, 특정 종교에 대한 비판이나 편견을 유도할 목적은 전혀 없다.

대다수 신앙인은 이성적이며, 정상적인 의료 절차에 잘 협조하는 성숙한 시민들이다. 여기서 제시하는 예시와 설명은 오직 극단적인 사례에서 발생할 수 있는 갈등을 예방하고, 의사들이 불필요한 오해와 분쟁을 피하면서 안정적으로 진료를 이어갈 수 있도록 돕기 위한 실용적 가이드임을 분명히 밝힌다.

☐ 종교 색채가 강한 환자의 심리
- **현실 대신 믿음에 기반한 해석을 한다** 질병에 대해 의학적 설명보다 영적 원인으로 해석하는 경향이 있다. "죄를 지어서 병이 왔다", "영적인 시험이다", "기도로 이겨내야 한다"
- **의학적 치료보다 기도나 신앙적 행위에 더 높은 신뢰를 둔다** 항암치료나 수술 같은 치료를 꺼리고, "하나님이 고쳐주실 거예요", "절에 다녀오면 낫습니다"와 같은 반응을 보임. 일부는 치료 자체를 거부하기도 한다.
- **치료를 도덕적으로 해석하려는 경향** 어떤 약은 "부정하다", "마귀의 기술이다"라고 보는 경우도 있음. 의사의 말에 동의하지

않으면, 그 자체를 윤리적 잘못으로 몰아가거나 죄책감을 유발할 수 있음
- **전도 또는 설교 형태의 대화 시도** 의료진에게 신앙을 강요하거나, 자신의 종교를 홍보하는 식의 말을 자주 꺼냄. 자신이 말하는 것에 의사의 공감을 기대하며, 무반응이면 불신감으로 전환됨

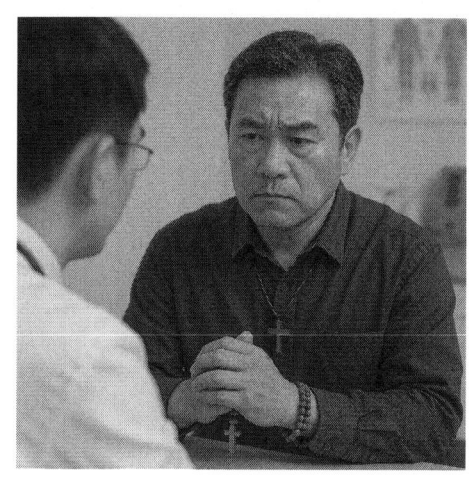

❏ 진료 시 주의사항
- **종교에 대해 반박하지 말 것** 환자가 하는 종교적 해석을 굳이 바로잡으려 하면 진료는 망가진다. "그건 과학적으로 말이 안 됩니다" → 바로 거부감으로 돌아온다. 대신 "그런 믿음을 가지신 분들이 많습니다. 동시에 이런 치료도 병행하시는 경우가 많습니다"처럼 '동시 병행'을 제안하는 방식이 가장 안전하다.

- **치료는 '의사'가 아니라 '체계'로 설명하라** "제가 보기엔…"보다는 "일반적으로 ○○에서는 이런 치료가 표준입니다" 식의 객관화된 설명 사용. 특히 강한 종교 환자일수록 의사 개인보다는 시스템에 신뢰를 둘 가능성이 더 크다.
- **윤리적 논리에는 휘말리지 말 것** "이건 하나님 뜻이 아닐 수도 있어요", "이런 건 죄입니다" 등의 반응이 나와도 윤리 대 윤리 구조로 끌려가지 말 것 "그 부분은 환자분의 믿음을 존중합니다. 저는 의학적 입장에서 설명해 드린 것입니다."로 정리
- **강한 선 넘는 전도 시도는 중단시켜야** 환자가 지나치게 종교 이야기를 늘어놓거나 의료진에게 설교하려 할 경우, "저희가 진료 시간 내에 치료 중심으로 설명해 드려야 해서요" 하고 자연스럽게 차단해야 한다.

바. 전신문신, 특히 이레즈미

❏ 전신문신, 특히 이레즈미 환자의 심리
- **강한 자기통제 욕구 혹은 반사회적 성향의 과거** 전통 이레즈미는 단순한 멋이 아니라, 사회적으로 특정한 메시지나 신호를 내포하고 있음. 일부는 범죄집단, 하위문화, 또는 자기 파괴적 정체성의 상징으로도 사용됨. 그러나 요즘은 단순히 미학적 이유, 자기 서사 구축을 위해 선택한 사람도 많아졌다.
- **시선에 대한 둔감 또는 오히려 과시 욕구** 대중 앞에서 전신문신을 드러낸다는 건, 일반인의 기준에서 시선을 의식하지 않거나,

오히려 그 시선을 즐기려는 경향이 있을 수 있음. 반대로, 시선을 의식해 숨기고 있다면 오히려 내면에 방어기제가 더 강하게 작동 중일 가능성 있음

- **권위에 대한 양가감정** 어떤 이들은 권위적 태도에 적대감을 가지고 있음 (특히 의사, 경찰, 공무원 등). 반면 일부는 자신이 의사보다 우위에 있다는 일종의 과시 심리를 투사하기도 함. 이는 과거 경험, 사회적 위치, 소속감에서 비롯된 심리일 수 있음.

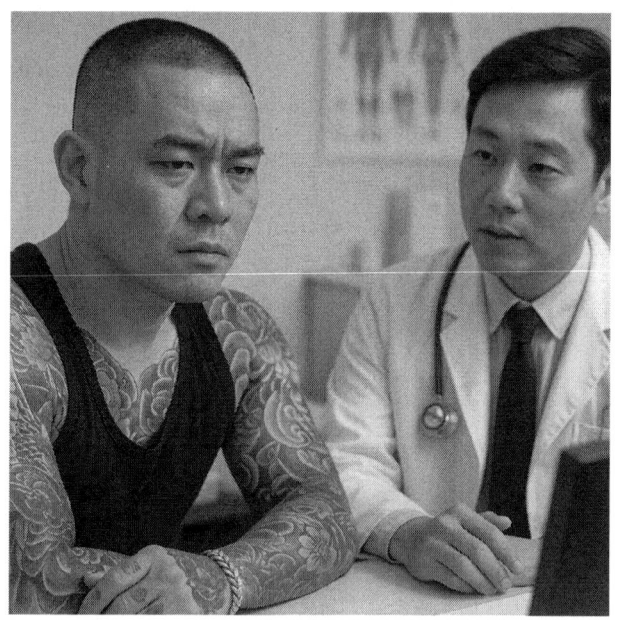

❑ 전신문신 환자 진료 시 주의사항
  - **의사의 시선과 태도: 무관심하게 자연스럽게** 문신을 보고 눈길

이 머무는 것조차 환자는 '평가'로 받아들일 수 있다. 일부 환자는 자신의 문신이 무언의 우위를 의미한다고 생각할 수도 있고, 반대로 과거의 후회나 낙인을 떠올리는 민감한 상징일 수도 있다. 의사의 시선은 문신을 의식하지 않는 듯이 자연스럽게 유지하고, 몸 전체가 아닌 '대화와 진료 중심'의 시선 분산이 필요하다.

- **불필요한 호기심 표현은 금물** 문신에 대해 아무리 궁금해도, "이건 무슨 뜻이에요?", "어디서 하셨어요?", "통증은 어땠어요?" 이런 말은 절대 금지다. 이레즈미는 정치적, 범죄적, 사적인 의미가 담겨 있을 가능성이 크며, 환자 대부분은 그 의미를 타인에게 설명하고 싶어 하지 않는다. 진료는 환자의 증상 중심으로 제한하고, 문신은 시각적으로 '투명한 벽'처럼 무시하는 게 정답이다.

- 초음파 검사, 주사, 도수치료 등 **치료나 검사 시 접촉이 필요한 경우, 설명을 반드시 선행**해야 한다. 문신 부위를 접촉하거나 노출해야 하면 그 행위가 왜 필요한지, 무엇을 위해 필요한지 명확히 설명한 후 "혹시 이 부위에 주사해도 괜찮으신가요?"라는 사전 동의가 필수다. 이로써 권위와 침해 사이의 경계를 명확히 하고, 환자의 자율성을 지켜주는 인상을 준다.

- **강하게 나오면, 감정 아닌 시스템으로 대응** 일부 환자가 과거 경험이나 태도로 인해 진료실 안에서 위압감을 행사하려는 태도를 보일 수도 있다. 예: 말 끊기, 목소리 높이기, "내가 어떤 사람인데" 식의 발언. 이럴 때 의사가 위축되면 진료 전체가 무

너진다. 반대로 감정적으로 맞서도 마찰만 커진다. 이럴 땐 감정 없이 "병원 운영 규칙상 ○○한 기준을 따르고 있습니다.", "모든 환자분께 동일하게 설명해 드리는 내용입니다." 이렇게 병원의 시스템 뒤에 숨어서 말하는 것이 가장 안전하다.

- **진료가 끝날 때까지 일관된 존중 태도 유지** 전신문신을 한 환자에게 의사가 거리감을 보이거나 감정의 미세한 변화(놀람, 위축, 경계)를 보이면, 그것은 곧 "이 의사는 나를 경계하고 있다"는 메시지로 바로 해석된다. 첫 마디부터 마지막 인사까지, 전형적인 환자 응대처럼 아무 일도 없다는 듯 대응하는 것이 좋다. "오늘 설명드린 내용 잘 이해되셨을까요?", "혹시 더 궁금한 건 없으실까요?" 이러한 평범한 마무리가 오히려 진료의 품위를 지켜주는 장치가 된다.

❏ 정리: 의사가 지켜야 할 5가지 태도
  - 시선은 자연스럽게, 문신에 머물지 않기
  - 의미 묻지 않기, 해석하려 하지 않기
  - 접촉 전 설명과 동의 필수
  - 감정 없이, 병원 시스템으로 대응하기
  - 처음부터 끝까지 '평범하게' 대해주기

전신문신 환자도 결국엔 치료가 필요한 환자이며, 그 외형이 불러일으키는 선입견에 의사가 먼저 휘둘리지 않는 것이 가장 전문적인 자세다.

문신을 통제하지 마라. 진료만 통제하면 된다.

사. 외모를 보는 의사의 자세

외모만 보고 환자를 차별하거나, 미리 결정짓는 건 절대 금물이다. 하지만 정확한 판단은 빠른 관찰에서 시작된다. 외모는 '의심'의 근거가 아니라, '예방'의 도구다. 특히 초진 환자일수록 외형 정보는 큰 힌트를 준다.

아. 결론

진료는 말로 시작되지 않는다. 진료는 외모로 시작되고, 태도로 굳어진다. 위험은 항상 눈앞에 있다. 그걸 먼저 알아채는 자가 살아남는다. 말보다 빠른 신호. 그것이 외모다.

08

관상진료학 해석의 함정

관상진료학 해석의 함정
보이는 것 너머의 진실

가. '관상진료학'의 오남용을 경계해야 하는 이유

❑ **외모 해석은 참고자료이지, 진단 기준이 아니다.**

'관상진료학'은 환자의 외모와 행동에서 단서를 얻어 진료에 참고하려는 도구일 뿐, 절대적인 기준이 아니다. 표정, 말투, 복장, 주름, 자세 등은 환자의 심리나 병력에 대한 실마리를 제공할 수 있지만, 그 자체로 병명이나 성격을 규정지을 수는 없다.

예를 들어 팔짱을 낀 환자가 항상 방어적이라고 단정할 수는 없다. 그는 단지 추위 때문에 그렇게 앉아있을 수 있고, 무의식적인 습관일 수도 있다. 과도한 웃음을 짓는 환자가 무언가 숨기고 있다는 해석도 마찬가지다. 그저 긴장을 풀기 위해 지은 사회적 미소일 수 있다. 이처럼 관상진료학은 '추론의 실마리'일 뿐, 진단을 내리는 '증거'는 아니다.

진료는 객관성을 유지해야 한다. 특정한 외모나 말투를 가진 환자에게 의사가 무의식적으로 특정 성향을 투사하기 시작하면, 그 진료는 이미 중립성을 잃은 셈이다. 관상진료학이 제공하는 정보는 어디까지나 환자 이해를 돕는 보조 도구일 뿐이며, 절대 독립적인 판단 기준이 되어서는 안 된다.

❏ **의사의 편견이 진료를 왜곡시킬 수 있는 구조**

관상진료학이 무서운 이유는 바로 '확증 편향'을 강화하기 쉬운 도구이기 때문이다. 예를 들어 금팔찌, 민소매에 문신까지 한 환자가 진료실에 들어온 순간, 의사는 무의식적으로 '불만이 많고 민원 가능성이 있는 환자'라는 선입견을 품게 된다. 이때 환자가 약간만 까다롭게 행동해도 의사의 예측은 "역시 그럴 줄 알았다"는 방식으로 강화된다. 이런 식의 해석은 진료의 공정성을 심각하게 훼손한다.

또한, 이런 외모적 판단이 반복되다 보면, 의사는 의식적으로든 무의식적으로든 표준 진료에서 벗어난 방어적 태도를 보이게 된다. 치료 옵션을 제한하거나, 설명을 간략화하거나, 기록을 과도하게 남기는 등 정상적인 진료 흐름이 변질된다. 결국, 환자와의 관계가 왜곡되고, 환자는 설명 부족에 대한 불만이나 차별감을 느끼게 된다.

❏ **관상진료학의 책임감: "추론"이 아니라 "참조"**

의사가 관상진료학을 활용할 때 가져야 할 태도는 다음과 같다. 모든 해석은 '가능성'의 영역이다. "이 환자가 불안할 수 있다"지, "이 환자는 불안하다"가 아니다. 관찰은 전면적이고 종합적이어야 한다.

주름 하나, 표정 하나에 집착하면 오해가 생긴다. 말, 행동, 복장, 태도, 병력까지 다각도로 파악해야 한다. 진료 메모나 차트에는 관상 판단을 '직접 서술'하지 않는다. "환자 방어적" 대신 "설명 도중 질문 없이 고개 끄덕임만 반복"과 같이 관찰된 행동을 기록한다. 해석은 항상 보류하며, 환자의 말에 우선 귀를 기울인다. '보이는 것'보다 '들리는 것'이 우선이다.

외모 해석은 참고일 뿐, 단정은 진료를 왜곡시킨다.

나. 외모는 환경의 산물일 수도

❑ **성향이 아니라 맥락일 수 있다.**

진료실에서 환자를 마주할 때, 우리는 먼저 그 사람의 '외형'을 본다. 복장, 머리 모양, 액세서리, 화장, 몸짓, 주름, 말투. 이 모든 요소는 환자가 자신을 어떻게 드러내는지를 말해주는 신호 같아 보인다. 하지만 그것이 곧바로 성격이나 태도, 혹은 민원 가능성을 뜻하는 '경보'로 연결되는 순간, 우리는 중요한 전제를 놓치게 된다.

외모는 단지 그 사람의 성향이 아니라, 그가 살아온 환경의 결과일 수 있다. 즉, 그는 그렇게 '선택'했다기보다는, 그렇게 '자라왔다'는 말이다.

❑ 문화적 맥락 없는 해석은 오해로 이어진다.

예를 들어 진료실에 개량한복을 입고 들어오는 환자를 보았다고 하자. '나를 특별히 봐달라는 사람인가?', '일반적인 진료 절차를 인정하지 않으려는 사람인가?' 이런 생각이 먼저 든다면, 우리는 한 가지 가설에 너무 빠르게 빠져들고 있다. 실제로는 그 환자가 전통문화 관련 단체에서 활동하거나, 불교적 가치관을 존중하는 공동체 안에 살아왔을 수도 있다. 혹은 '편안한 옷'이라는 단순한 이유일 수도 있다.

같은 맥락에서, 손목에 굵은 금팔찌를 차고 온 60대 남성이 있다면 '과시형 성격'이라고 보기 쉽다. 하지만 이것은 단순히 해당 세대의 경제적 성장기와 장신구 사용 문화를 반영하는 것일 수 있다. 1970~80년대 고도성장기를 살아온 이들에게 있어 '금'은 자산의 상징이자 안심을 주는 물리적 실체였다. 자기표현이라기보다는 안정성에 대한 세대적 신념일 수도 있다.

형광 염색이나 유행성 헤어스타일, 눈썹문신 같은 것들도 마찬가지다. 단지 자기주장이 강하거나 반항적인 성격이라기보다는, 해당 연령대·직업군·문화권 내에서의 '자기 정체성 유지' 방식일 수 있다.

❑ 세대와 신앙은 외모를 만든다.

진료실에 들어서는 고령 환자가 손에 묵주를 쥐고 있거나, 십자가 펜던트를 걸고 있거나, 이마에 부적을 붙이거나, 불경을 들고 올 수도 있다. 이를 단순히 '비과학적인 환자'나 '신앙에 집착하는 고집스러운 사람'으로 오인하면 진료 초반부터 신뢰 관계는 틀어지기 쉽다.

한국의 노년층은 종교에 대한 존중을 삶의 윤리로 삼아온 세대다. 신앙은 이들에게 위안이자 공동체이자 자존감의 토대다. 의학적으로 환자의 관점을 조정하고 싶다면, 종교적 요소를 먼저 인정하고 존중하는 것이 우선이다.

▢ 환자를 보기 전에, 사회를 본다.

관상진료학은 환자의 외모와 행동에서 진료에 참고할 수 있는 단서를 찾아내는 기술이다. 하지만 그 기술이 편견이 되지 않기 위해서는, 개인의 표정과 몸짓 이전에 그가 속한 맥락을 읽을 줄 아는 눈이 필요하다. 문화적 배경, 경제적 조건, 세대적 기억, 신앙 체계, 공동체 경험. 이 모든 것이 그 환자의 외형을 만들고, 표현 방식을 결정지었을 수 있다.

즉, 외형은 '개인'만의 것이 아니다. 우리는 환자를 보기 전에, 그 환자가 속한 '사회'를 먼저 읽어야 한다.

다. 표정과 주름, 순간이 아닌 축적의 결과

우리가 누군가의 얼굴을 볼 때, 가장 먼저 시선이 머무는 곳은 표정이다. 그 표정을 더욱 또렷하게 만드는 요소가 바로 주름이다. 그러나 많은 이들이 간과하는 사실은, 얼굴에 새겨진 주름은 단순한 '감정의 순간 포착'이 아니라는 점이다. 그것은 오랜 시간 반복된 표정의 누적된 결과이며, 외부 자극에 대한 반응 패턴, 환경, 생리적 특성 등 수많은 요소가 복합적으로 얽혀 만들어진 '기록'이다.

❏ 특정 주름이 반드시 부정적 성격을 뜻하는가?

진료실에서 미간에 깊은 주름을 가진 환자를 보면 우리는 흔히 '화가 많았나 보다' 혹은 '의심이 많은 사람일 것 같다'는 추론을 하게 된다. 그러나 이런 해석은 때로 부정확할 수 있다. 왜냐하면, 미간 주름은 실제 감정보다도 더 자주, 무의식적이고 생리적인 원인에 의해 형성되기 때문이다.

예를 들어, 강한 빛에 자주 노출되는 직업에 종사하거나, 평소 햇빛에 예민한 시력을 가진 사람은 미간을 찡그리는 행동을 자주 반복한다. 그 결과 실제 성격과 무관하게, '화난 얼굴' 같은 외형이 만들어질 수 있다. 마찬가지로 집중력이 높은 사람은 책을 읽거나 PC 화면을 볼 때 자연스럽게 미간을 찌푸리는 경향이 있고, 이것이 습관화되면 주름으로 남는다.

❏ 밝은 사람도 미간 주름이 깊을 수 있는 이유

환자 중에는 누구보다도 쾌활하고 유쾌한 성격을 지녔지만, 얼굴은 강한 인상을 주는 사람들이 있다. 이런 경우 의사는 직관적으로 불쾌감이나 방어성을 느끼기도 하는데, 실제 상담을 통해 확인해보면 전혀 그렇지 않은 경우가 많다.

특히 미간 주름은 '무언가를 깊이 생각하는 시간'과도 관련이 많다. 생각이 많은 사람, 성실하고 꼼꼼한 성격의 사람이 말에 반응할 때 눈썹을 모으는 버릇이 있다면, 그 흔적은 깊은 주름이 되어 남는다. 이는 곧 '성실함'이나 '진지함'의 반영일 수도 있는 것이다.

❏ 수면 자세, 눈부심, 시력 문제도 원인이 될 수 있다

주름은 얼굴 근육의 '사용 흔적'이다. 즉, 특정 부위의 근육을 얼마나 자주, 얼마나 세게 사용했느냐가 그 형태를 좌우한다. 이 과정에는 감정 외적인 요인도 작용한다. 예를 들어 옆으로 자는 습관이 있는 사람은 얼굴 한쪽의 팔자주름이 유독 더 깊게 파일 수 있다. 또, 안경을 쓰지 않거나, 야외 활동 시 선글라스를 착용하지 않는 습관은 눈가, 이마에 자주 주름을 만들게 된다. 눈의 건조, 안구건조증 등의 불편감으로 인한 무의식적인 찡그림은 미간과 눈가 주름을 가속한다.

이처럼 표정 주름은 단순히 감정의 부산물이 아니다. 오랜 생활 방식, 생리적 불편감, 환경적 요인 등 다양한 요소가 개입한 결과물이다. 그러므로 의사는 주름을 보고 환자의 심리나 성격을 추론할 때, 표정의 맥락과 주름의 비대칭성, 주름 이외의 태도나 언어까지 종합적으로 고려해야 한다.

라. 말투와 단어 선택은 습관일 수도 있다

무례하게 들려도, 사실은 그게 그 사람의 '언어환경'일 뿐이다. 진료실에서 환자의 말투나 단어 선택은 그 자체로 진료의 방향을 바꾸는 단서가 되곤 한다. "아니에요?", "그게 맞아요?", "그렇게밖에 안 되나요?" 같은 표현은 때로 도전적이거나 방어적으로 들릴 수 있다. 하지만 의사가 이 표현만 듣고 상대의 성향을 섣불리 판단하는 것은 오히려 오해를 불러올 수 있다.

실제로 이 같은 말투는 무례함의 표현이 아니라, 단순한 언어 습관일 가능성도 있다. 언어는 그 사람의 정서뿐 아니라, 자라온 환경, 직업, 지역, 세대적 특성까지 반영된 결과물이기 때문이다.

☐ **직업이 말투를 만든다 – '논쟁적 화법'의 직업군**

변호사, 교사, 공무원, 기자처럼 논리 전개나 정확한 표현을 중시하는 직업군은 질문 중심, 확인 중심의 말투를 갖게 된다. 이들은 의사에게도 익숙한 방식으로 "근거를 제시해 주세요", "이 치료의 효과는 어느 정도죠?", "다른 방법은 없나요?" 등과 같은 질문을 던진다. 의료진으로서는 이 같은 말이 무례하거나 따지는 투로 들릴 수 있으나, 사실은 단순한 화법일 뿐이다.

▶ 실전 팁: 직업을 물어보면 말투가 이해된다. 그 말투가 성격이 아닌 '직업적 프레임'에서 나왔을 수 있다.

☐ **세대어와 지역어의 혼선 – 말의 의미보다 '느낌'이 다를 수 있다**

"그거 참 요상하네요", "이거 뭐 좀 그런 거 아니에요?", "에이, 그건 좀…" 같은 표현은 특히 중장년층 환자에게서 자주 들을 수 있다. 이는 단순한 부정이 아니라 그 세대의 감정 표현 방식일 수 있다. 60~70대 환자는 부정적인 감정을 직설적으로 드러내지 않고 돌려 말하는 문화 속에서 자라왔다. 따라서 '요상하다'라는 표현은 진짜 불만이라기보다, 조심스럽게 의문을 제기하는 방식일 수도 있다.

또한, 지역에 따라 특정 어투가 정중한 표현임에도 서울 말투 기준으로는 도전적으로 느껴지는 경우가 있다. 예를 들어 전라도 지역에서는 "그게 아니지 않나요?"라는 말이 정중한 질문이지만, 수도권에서는 다소 도발적으로 들릴 수 있다. 또, 경상도 사투리 특유의 강한 억양 때문에 다른 지역 사람들은 화자가 화가 난 것처럼 느끼는 경우가 많다.

▶ 실전 팁: 말투에 거슬릴수록, 그 사람의 나이·지역을 다시 한번 생각해 보자.

❏ **말투는 자라온 환경의 총합이다.**

언어는 단순히 의사소통의 도구가 아니라, 그 사람의 문화적 코드이기도 하다. 말투 하나로 '이 환자는 진상이다'라고 단정하는 순간, 그 진료는 불신의 구렁텅이에 빠지게 된다. 진료실에서 의사는 해석의 전문가가 아니라 '조율자'여야 한다. 말의 진의를 확인하려 하기보다는, 그 말의 출처가 무엇일지를 먼저 생각해야 한다.

마. 오해를 줄이기 위한 대응법

❏ **의심은 하되 단정은 하지 않는다.**

진료실에 들어온 환자의 첫 표정, 옷차림, 말투, 태도는 강렬하다. 특히 진료 시간이 짧은 환경일수록, 우리는 처음 받은 인상으로 환자의 성격이나 성향을 빠르게 판단하려 한다. 그러나 그 판단이 '확신'이 되는 순간, 진료는 왜곡된다. 왜냐하면, 대부분의 비언어적 표현은 '감정'이 아니라 '상황'의 산물이기 때문이다.

❑ **가설로 시작하되, 결론은 유보하라.**

어떤 환자가 눈을 피한다고 해서 "불성실하다", "거짓말 중이다"라고 단정해선 안 된다. 말을 반복하는 환자에게 "지능이 낮다", "이해력이 떨어진다"고 결론지어도 안 된다.

대부분의 비언어 표현은 기질, 상황 반응, 습관, 또는 당일 컨디션에 따라 만들어진다. 예를 들어, 시선을 피하는 환자는 '불신'이 아니라 단순히 '긴장'한 것일 수 있고, 말을 많이 하는 환자는 '관심 갈망'이 아니라 '불안 해소 전략'일 수 있다. 이런 경우, 1회 진료에서 판단을 내려버리면 의사와 환자의 관계는 바로 틀어진다. 실제 성향은 시간이 지나며 서서히 드러난다. 따라서 관상진료학은 '즉시 판단'이 아니라 '반복 관찰'의 기술이어야 한다.

❑ **일관성을 확인하라.**

초진에서는 의심을 가질 수 있다. 그건 문제가 아니다. 중요한 건 그 의심을 확신으로 바꾸지 않고, '가설'로 유지하는 태도다. 그 가설이 맞는지 틀리는지는 반복된 진료를 통해 확인해야 한다.

일관성 체크 포인트는 다음과 같다. 같은 상황에서 비슷한 반응을 보이는가? 감정 기복이 일정한 패턴을 따르는가? 설명을 수용하는 방식에 변화가 있는가?

단 한 번의 모습만으로 모든 것을 파악할 수 있다고 믿는 것은, 의학을 점(占)으로 바꾸는 것이다. 그래서 관상진료학은 과학이라기보다는, 체계적인 통찰에 기반한 임상적 추론법이어야 한다.

❏ 반복 관찰의 기술

2회차 진료에서 환자가 처음보다 말이 많아졌다면, 그건 불신이 풀렸기 때문일 수 있다. 3회차에서 질문이 줄었다면, 신뢰가 생겼다는 신호일 수도 있다. 이처럼 '변화의 방향'을 관찰하는 것이 중요하다. 변화는 신뢰의 흔적이고, 신뢰는 진료 성과의 전제조건이다.

❏ 단정하는 순간, 진료는 멈춘다.

초기 인상은 무시해도 안 되지만, 절대적으로 신뢰해서도 안 된다. 의사는 상황을 의심할 수는 있어야 하지만, 사람을 쉽게 단정하면 안 된다. '이 사람은 이런 사람이다'라는 판단이 내려진 순간, 우리는 그 사람을 환자가 아닌 고정된 대상으로 대하게 되며, 진료는 멈춘다.

바. 정서적 기저 vs 행동적 표현의 불일치

겉과 속은 다를 수 있다. 진짜 감정은 행동에 고스란히 드러나지 않는다. 진료실에서 환자를 마주할 때, 우리는 자연스럽게 겉으로 드러나는 모습에 집중한다. 표정, 시선, 말투, 웃음, 고개 끄덕임… 모든 비언어적 행동은 마치 환자의 속마음을 읽어내는 실마리처럼 보인다. 그러나 현실은 다르다. 인간의 감정은 복잡하고, 그 감정을 표현하는 방식은 더 복잡하다.

감정은 흘러가지만, 표현은 조절된다. 이 조절은 무의식일 수도 있고, 의도적일 수도 있다. 중요한 건, 보이는 행동이 곧 진심을 의미하지는 않는다는 점이다.

❑ '지나치게 웃는 환자'가 꼭 밝은 것은 아니다.

진료실에서 과하게 웃는 환자를 만나본 적이 있을 것이다. 자주, 오래, 그리고 상황에 맞지 않게 웃는 환자들. 그들을 처음 보면 "참 밝은 사람이다"라고 판단하기 쉽지만, 실제로는 전혀 그렇지 않은 경우가 많다.

그 웃음은 진짜 기쁨의 표현이 아니라, 긴장을 감추기 위한 방어일 가능성이 크다. 혹은 불편한 요구를 꺼내기 전, 분위기를 누그러뜨리기 위한 계산된 행동일 수도 있다. 웃고 있지만, 눈은 웃지 않고 있는 경우가 많다. 말하자면, 웃는 얼굴 속에 감추어진 경계심과 불신이 존재하는 것이다.

❑ '시선을 피하는 환자'가 꼭 거짓말하는 건 아니다.

마찬가지로, 시선을 피하는 환자도 자주 오해받는다. 많은 의사는 "눈을 못 마주치는 건 거짓말하거나 숨기는 게 있기 때문"이라고 생각하지만, 이것도 단정하기엔 무리다. 시선을 피하는 이유는 다양하다. 불안, 낮은 자존감, 문화적 습관, 혹은 단순한 눈부심일 수도 있다. 특히 나이 든 세대에서는 '상대 눈을 똑바로 바라보는 것'이 실례라고 여겨지는 문화가 여전히 남아 있다.

또한, 우울한 환자나 자존감이 낮은 환자는 자연스럽게 시선을 피하게 되며, 이를 단순히 '신뢰하지 않아서'로 해석하면 진료가 틀어질 수 있다.

❑ 감정과 행동 사이에는 거리가 있을 수 있음

이처럼 우리는 환자의 행동을 마주할 때마다, 그 안에 감정이 담겨 있다고 생각한다. 하지만 행동은 감정의 '정확한 거울'이 아니다. 감정은 매우 빠르게 움직이며, 반면 행동은 상황에 맞게 가공되고 왜곡된다.

어떤 환자는 속에서 분노가 끓어오르지만 아무 말도 하지 않는다. 반대로 어떤 환자는 큰 감정이 없음에도 무척 극적으로 행동한다. 특히 병원처럼 긴장감이 높고, 정보 불균형이 큰 공간에서는 환자의 감정 표현은 훨씬 더 조심스럽고 왜곡된 형태로 드러나게 된다.

이런 상황에서 가장 중요한 건, 의사가 판단을 유보하는 태도다. 표정이나 행동을 보며 '이 사람은 이렇다'고 확신하는 순간, 진료는 감정 싸움으로 전환된다.

중요한 건 반복이다. 같은 행동, 같은 반응이 반복될 때, 비로소 그 사람의 패턴을 추론할 수 있다. 단 한 번의 웃음, 한 번의 시선 회피로 성격이나 심리를 단정하는 것은 위험하다. 진료는 추측이 아니라 관찰이다. 관찰은 단발적 판단이 아니라, 누적된 패턴 속에서 의미를 찾는 과정이다.

결국, 관상진료학이 다루는 외모, 표정, 행동은 '진단'의 근거가 아니라 '가설'의 재료다. "이 환자는 왜 웃고 있을까?"라는 질문은 던지되, "이 환자는 밝은 성격이네"라는 결론은 너무 이르다. "이 환자는 왜 눈을 피할까?"라는 관찰은 유익하지만, "이 환자는 거짓말을 하고 있어"라는 확신은 독이 된다.

진료실은 감정의 정답을 찾는 곳이 아니라, 감정의 흐름을 읽는 곳이다. 우리가 읽는 것은 표정이 아니라, 그 표정이 반복되어 남긴 흔적이다. 그리고 그 흔적을 바탕으로 조금 더 나은 대화, 조금 더 적절한 설명을 만들어내는 것, 그것이 관상진료학의 궁극적인 목적이다.

사. 진짜 위험신호와 혼동하면 안 되는 일반적 특성

관상진료학은 외형, 태도, 말투 등 겉으로 드러나는 신호를 바탕으로 환자의 내면을 유추하려는 시도다. 하지만 이 기술에는 뚜렷한 한계가 있다. 바로 '모든 외형적 특징이 진단적 의미가 있는 것은 아니다'라는 점이다.

예컨대, 종교적인 언급을 자주 한다고 해서 그것이 곧바로 망상이나 정신병적 증상을 뜻하지는 않는다. 어떤 사람에게 종교는 삶의 중심이며, 불안할 때마다 종교적인 표현을 하는 것은 심리적 안정기제로 기능할 수 있다. 그것은 개인의 생활문화나 가치체계일 수 있으며, 정신병적 징후로 해석하는 건 의사의 무지 또는 성급함일 뿐이다.

마찬가지로, 목소리가 크다고 해서 환자가 화가 났거나 공격적이라는 결론에 도달해서도 안 된다. 목소리의 크기는 단순한 습관일 수 있고, 나이가 들며 자연스럽게 커지는 현상일 수도 있다. 특히 난청이 있는 노인의 경우에는 본인의 목소리 크기를 인지하지 못하고 더 크게 말하는 경향이 있다. 이런 상황에서 환자의 의도를 '시비조'나 '반항적'으로 오해하면, 의사는 갈등을 자초하게 된다.

또 과묵함 역시 반드시 불신의 표현은 아니다. 환자가 말을 아끼는 이유는 다양하다. 언어적 표현력이 부족할 수도 있고, 낯선 상황에서 긴장해서 말을 줄이는 예도 있다. 어떤 사람은 처음 만난 타인에게 속내를 쉽게 드러내지 않는 성향이 있었을 뿐이다. 그런 환자에게 "왜 말을 안 하세요?"라고 다그치면 환자의 마음을 오히려 더 닫히게 만들고, 진료는 벽을 사이에 두고 진행되는 연극이 되어버린다.

이러한 오판은 관상진료학의 치명적인 함정이다. 겉으로 드러난 신호를 근거로 판단할 때, 그 신호가 반드시 심리적 진실을 반영하지는 않는다는 점을 항상 인지해야 한다. 겉모습과 내면 사이에는 언제나 간극이 있으며, 이 간극을 메우지 못한 채 판단을 내리면 진단이 아니라 낙인이 된다.

의사는 직관과 관찰을 활용하되, 이를 절대화하지 말아야 한다. 특히 초기 진료에서는 '가설'로만 유지하고, 반복적이고 일관된 행동이 나타날 때까지 기다릴 줄 알아야 한다. 관상진료학은 날카로운 통찰을 줄 수 있지만, 그것만으로 진실에 닿는 것은 아니다. 잘못된 확신은, 정답 없는 질문보다 훨씬 더 위험하다.

아. 환자의 심리는 변화한다: 1회 진료로 단정하지 말 것

관상진료학은 환자의 표정, 말투, 자세, 복장 등 외형적 단서를 통해 심리 상태나 의도를 유추하는 기술이다. 하지만 이 기술은 '고정된 인물'이 아니라 '변화하는 인간'을 다룬다는 점에서 본질적인 한계를 갖는다. 환자는 매번 같은 모습으로 진료실에 들어오지 않는다. 환자의 태도는 하루의 컨디션, 최근의 경험, 심지어 날씨나 진료 순서 같은 사소한 요소에 따라 달라진다.

예를 들어, 어떤 환자가 처음 진료실에 들어와서 예민하고 날카롭게 반응했다고 해보자. 그 모습만을 근거로 '공격적 환자', '불신이 강한 유형'으로 규정해버리면 이후의 진료 흐름은 왜곡될 가능성이 크다. 하지만 실제로는 그날 아침에 교통 체증으로 지각을 했거나, 직전 병원에서 불친절한 대응을 받아 감정이 고조된 상태였을 수도 있다. 혹은 단순히 당이 떨어진 상태였을 수도 있다. 이처럼 외형은 맥락 없이 보면 오진의 원인이 된다.

진짜 중요한 건 일회적인 인상보다 반복성과 일관성이다. 환자가 매번 진료실에 들어올 때마다 비슷한 반응을 보이는지, 특정 상황에서만 유독 변하는지를 관찰해야 한다. 한 번의 진료로는 알 수 없는 것이 많다. 표정, 말투, 눈동자, 앉는 자세, 대화의 흐름, 질문에 대한 반응 등 다양한 변수들이 시간이 지나며 드러나고, 의사는 그 안에서 일관된 패턴을 찾아야 한다.

'3회 진료까지는 단정하지 않는다'는 원칙은 그래서 중요하다. 관상진료학은 추정과 가설의 기술이지, 단정과 낙인의 기술이 아니다. 처음부터 확신하지 말고, 처음엔 의심하되 기록하고 비교하며 기다려야 한다. 오히려 초진 때 강한 인상을 남긴 환자일수록, 시간이 지날수록 인상이 완전히 달라지는 경우가 많다.

결국, 관상진료학은 심리적 단층촬영이 아니라 지속적 관찰을 통한 흐름 분석에 가까워야 한다. '단면'이 아니라 '궤적'을 보아야 한다는 말이다. 인간은 복잡하고 변덕스럽고, 맥락에 따라 반응하는 생물이다. 그 사실을 잊는 순간, 관상진료학은 통찰의 도구가 아니라 편견의 도구가 된다.

역(逆) 관상진료학

09

역(逆) 관상진료학
'말 안 해도 들리게 하는' 의사의 기술

우리는 지금까지 환자의 얼굴, 표정, 행동, 말투 등 외현(表現)을 통해 그 이면의 심리와 욕구를 읽는 기술에 집중해 왔다. 마치 무대 위의 배우가 어떤 표정과 대사를 통해 자신의 내면을 드러내듯, 환자 역시 자신도 인식하지 못한 감정과 긴장을 자신의 외현에 투영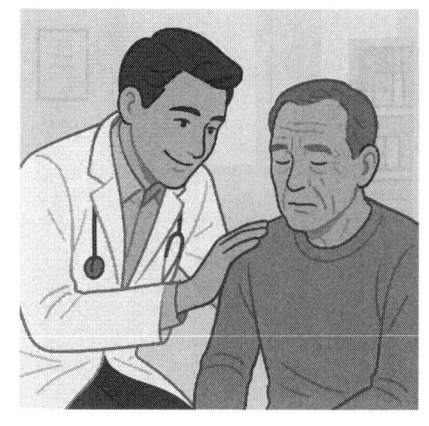시킨다. 이것이 이 책이 다뤄온 관상진료학의 기본 축이다.

하지만 진료실이라는 공간은 일방적 관찰의 장소가 아니다. 오히려 끊임없는 상호작용의 장이며, 환자만이 '드러내는 존재'가 아니라 의사 또한 '보여주는 존재'로서 기능한다. 이제는 새로운 관점이 필요하다.

바로 '역(逆) 관상진료학', 즉 의사가 자신의 모습을 전략적으로 활용하여 환자에게 숨은 메시지를 전달하고 진료의 리듬과 권력을 조율하는 기술이다.

의사의 한 마디보다, 한숨. 단호한 거절보다, 짧은 침묵. 말로 친절을 설명하기보다, 눈썹과 입꼬리의 조화로 환자에게 '당신은 잘 치료될 수 있다'는 인상을 심어주는 것. 이런 비언어적 표현은 단지 습관이 아닌 '도구'가 될 수 있다.

어떤 자세로 앉는가, 얼마나 눈을 마주치는가, 말할 때 시선을 어디에 두는가, 문진 중 손은 어디에 놓고 있는가 등. 이 모든 선택이 환자의 감정과 태도를 조율하는 작은 설계가 될 수 있다.

환자를 읽는 기술에서 출발한 이 책은 이제 한 걸음 더 나아가, 환자를 움직이는 기술을 모색한다. 의사의 표정과 태도가 진료의 결과를 바꾸는 순간, 그 모든 것은 단순한 몸짓이 아니라 전략적 언어가 된다. 그리고 그 언어는 말보다 더 빠르게, 더 깊이 환자의 마음속으로 도달한다.

진료실이라는 무대 위, 배우는 하나가 아니다. 이제 무대의 양쪽에서 서로를 바라보며, 말 없는 언어의 교환이 시작된다. 그리고 그 중심에 '역 관상진료학'이라는 새로운 무기가 놓인다.

가. 진료실 안에서 의사의 '무대 연출'

의사의 말은 논리지만, 표정과 몸짓은 분위기다. 환자는 의사의 논리를 이해하기 전에 분위기를 받아들인다. 상황에 따라 다르게 조율되는 '의사의 연출'은, 환자의 심리를 유도하고 갈등을 줄이는 데 결정적 역할을 한다.

❏ **의도적으로 느리게 움직이기**

진료실에 헐레벌떡 뛰어 들어온 불안한 환자나, 말을 너무 빠르게 쏟아내는 환자 앞에서는 일부러 손의 움직임이나 말투를 느리게 가져간다. 이는 환자에게 '여기서는 조급할 필요가 없다'는 리듬을 제공하며, 감정을 안정시키는 무언의 처방이다.

❏ **마우스를 쥔 손을 잠시 멈추는 동작**

설명 중 환자가 의심을 표하거나 거칠게 끼어들면, 마우스를 쥔 채 손을 멈추고 잠시 무표정하게 있는다. 이 짧은 정적은 '의사도 지금 당신의 반응을 경계하고 있다'는 신호로 작용하며, 환자의 무례한 태도를 무리 없이 제어한다.

☐ 의자의 높낮이 미세 조정

특히 수직적 권위에 민감한 환자 앞에서는 의자의 높이를 살짝 낮춰 말한다. 이는 겸손하고 방어적 인상을 주면서, 환자의 긴장을 완화한다. 반대로 자꾸 의사를 깔보거나 테스트하려는 환자에게는 의자를 높이고, 의사 본인은 허리를 꼿꼿이 세워 위압감을 부여한다.

☐ 환자가 불편한 주제를 말할 때 살짝 고개를 숙이는 동작

성적 문제, 가족 갈등, 정신건강 등 환자에게 민감한 질문을 던질 때 고개를 조금 숙이고 말하면, '지금 이 질문은 권위적 판단이 아니라 공감적 접근이다'라는 인상을 줄 수 있다. 같은 질문이라도 거부감을 줄이는 효과가 크다.

☐ 진료 마무리 시 책상 정리하는 제스처

말로 "이제 진료 마치겠습니다"라고 말하지 않아도, 문진표나 서류를 정리하는 행동만으로도 '이제 나갈 시간'이라는 무언의 시그널을 줄 수 있다. 특히 긴 말로 마무리하려는 환자에게 부담 없이 종료 분위기를 유도하는 데 유용하다.

☐ 말없이 손가락으로 컴퓨터 화면의 검사 결과를 짚어주기

말이 많아질수록 설득은 실패한다. 객관적 설명이 필요할 땐, 말 대신 손가락으로 CT나 혈액검사 수치를 짚어주며 시선을 화면으로 유도하면 환자의 방어가 낮아진다. 시선을 의사 얼굴에서 검사 결과로 전환하는 데 매우 효과적이다.

❑ 옷매무새를 고치며 시작하는 진료

복잡하고 감정적인 환자가 들어오기 전, 가운을 다시 여미고 안경을 고치는 등의 행동은 자신에게 중심을 다잡는 리추얼(ritual)이자, 환자에게는 '지금부터는 집중된 대면이 시작된다'는 조용한 선언이 된다.

❑ 의도적으로 짧은 대답만 하는 기술

반복적으로 같은 질문을 하며 '확신'을 강요하는 환자에게는, 일부러 짧은 답을 반복한다.

"그럼 이 주사 맞아도 되는 거죠?", "네."

(침묵)

"정말 괜찮은 거죠?", "네."

말을 덧붙이지 않음으로써, 더는 반복 질문을 유도하지 않으며 환자 스스로 불안을 정리하도록 유도한다.

❑ 의도적으로 '정색'을 하며 말하는 순간 사용하기

환자가 의사의 권위를 얕보거나, 과도한 요구(진단서 조작, 약 과다 요구 등)를 할 경우, 평소 친절한 어조와 표정을 '정색'으로 바꾸는 것만으로도 경고 효과를 준다.

"그건 안 됩니다." (정면 응시 + 낮은 목소리 톤 + 무표정)

이렇게 단 한 번만 정색해도, 환자의 태도는 급변하는 경우가 많다.

❑ 수납 창구 쪽을 자꾸 쳐다보는 시선 유도 기술

진료가 끝났는데도 계속 말을 이어가며 나가지 않는 환자에게는, 대화 중간중간 수납 창구 방향을 자주 바라본다. 말은 이어가지만, 시선은 '이제 다음 단계로 가셔야 합니다'는 메시지를 보내는 방식이다.

☐ 한 손으로 턱을 괴는 행동

이 자세는 '나는 판단 중이다', '당신 말을 듣고 있지만 신뢰하지 않는다'는 인상을 준다. 과장되게 하지는 않더라도, 일부 환자의 과도한 자기 진술이나 왜곡된 정보에 대해 '경계'의 사인을 보내기에 효과적이다.

☐ 의도적으로 문 쪽을 바라보며 말하는 동작

정서적으로 불안하거나 의심이 많은 환자에게 의사가 시선을 자꾸 문 쪽에 두거나, 나가려는 제스처를 취하면 환자는 불안해져 본심을 더 빨리 털어놓는 경향이 있다. 이는 무례한 퇴출이 아니라, '내가 빠지면 당신의 말은 공중으로 사라진다'는 경고다.

☐ '무반응'으로 일관하는 기술

의사를 시험하려는 환자("이 병원 믿을 수 있나요?", "다른 데는 이런 거 안 하던데요?")에게는, 반박도 동의도 하지 않고 무반응으로 일관하면, 환자가 스스로 더 말하게 되고, 자신의 주장에 확신이 없는 경우 쉽게 수그러든다. 무반응은 때때로 최고의 대응이다.

☐ 팔짱을 끼되 고개는 끄덕이는 이중 메시지

방어적 환자에게 팔짱은 적대의 신호로 해석되기 쉽지만, 동시에 고개를 끄덕이면 '생각은 다르지만 존중하고 있다'는 이중 메시지를 보낼 수 있다. 자세의 언어를 쪼개서 사용하면, 복합적 감정을 효과적으로 전달할 수 있다.

☐ 이름을 정확히 부르고, 시선을 끝까지 유지하기

"○○님, 지금 이건 건강에 굉장히 중요한 문제입니다."

이 문장에서 핵심은 이름을 불러주는 것과 시선을 끝까지 유지하는 것이다. 이는 '당신은 특별히 내가 신경 쓰고 있는 사람'이라는 인상을 주며, 치료 동기를 유도하고 신뢰를 높이는 효과가 있다.

☐ 입술을 살짝 깨무는 행동

환자가 감정적으로 고조되어 이야기를 이어갈 때, 의사가 입술을 가볍게 깨무는 표정은 '지금 당신의 감정은 내게 부담이 된다'는 간접 메시지가 된다. 말로 제지하지 않아도 환자는 자기가 너무 나갔다는 느낌을 받고 스스로 수위를 조절할 수가 있다.

☐ 한쪽 눈썹만 살짝 치켜올리기

환자가 과도하게 드라마틱한 설명이나 사실과 어긋난 진술을 할 때, 말없이 눈썹 한쪽을 살짝 들어 올리면 '당신 말을 그대로 믿지 않는다'는 신호가 된다. 유머로 받아들여지지 않게, 최대한 절제된 표정으로 사용해야 한다.

☐ 클릭 소리를 내며 마우스를 연타하는 행동

진료 마무리 단계에서 환자가 계속 잡담이나 불필요한 주제를 이어가면, 마우스를 '툭툭' 클릭하는 행동으로 '진료는 끝났다'는 메시지를 줄 수 있다. 특히 말이 길어지는 환자에겐 유용한 무언의 종결 신호다.

□ 펜을 책상에 내려놓는 소리의 강약 조절

환자가 무리한 요구를 하거나, 진단서 조작 등을 요청할 경우, 말을 길게 하지 않고 펜을 '탁'하고 내려놓는 행동만으로 분위기를 바꿀 수 있다. 의도적인 침묵과 함께 사용되면 그 효과는 더욱 크다.

□ 가볍게 숨을 내쉬는 행동 (입으로 후~)

환자가 현실성이 떨어지는 기대를 이야기할 때("한 번 맞고 다 낫겠죠?"), 말 대신 가볍게 한숨 섞인 숨소리를 내는 것만으로도 충분히 의미가 전달된다. 직접적인 부정이 아니라, '그건 어렵다'는 무언의 반응이 된다.

□ 의도적으로 시선을 창밖으로 돌리는 기술

대화가 이제는 유익하지 않거나, 환자가 의사의 말에 반응하지 않고 자기주장만 반복할 경우, 시선을 창밖이나 천장 쪽으로 잠시 돌리면 환자는 '지금 내가 무의미한 말을 하고 있다'는 자각을 느낀다.

□ 허리를 곧게 펴는 순간을 이용한 리셋 효과

혼란스럽고 장황한 대화 흐름 속에서 허리를 곧게 펴며 자세를 고치고, 약간의 침묵 후 다시 말문을 여는 순간은, 새로운 흐름으로 대화를 리셋하는 '구간 구분선' 역할을 한다. 환자도 이 타이밍을 통해 집중을 회복하게 된다.

❏ **손을 깍지 끼고 진료실 책상 위에 두는 자세**

너무 친근하게 다가오는 환자나, 의사를 '형님' 또는 '언니'처럼 대하려는 환자에게 거리두기를 위해 깍지 낀 손을 책상 위에 두고 시선을 낮게 유지하면, 자연스러운 권위 복원이 가능하다.

❏ **의도적으로 안경을 벗고 다시 쓰는 동작**

의사 스스로 말의 무게를 실을 필요가 있을 때, 잠시 안경을 벗고 닦으며 말을 멈췄다가 다시 쓰고 말문을 여는 행위는 매우 효과적인 주의 집중 기술이다. 환자로서는 "이제 진지하게 말하는 구간이 시작된다"는 느낌을 받게 된다.

❏ **말하는 도중 메모지에 무언가를 적는 시선 분산**

환자가 거짓말하거나 의도를 숨길 때, 눈을 마주친 채 대화하는 것보다 중간중간 메모를 하며 시선을 아래로 두면, 환자가 긴장을 풀고 무심결에 진심을 더 쉽게 드러내는 경우가 많다. 이는 거짓 탐지에도 도움이 된다.

> **TIPS 저자의 조언**
>
> 진료실 안에서 의사의 이런 '무대 연출'은 절대 억지스럽거나 작위적이어선 안 된다. 행동 하나, 표정 하나가 가진 의미는 미세하지만, 환자는 의외로 그 신호에 민감하다. 그래서 **중요한 것은 '자연스러움'**이다.
>
> 이런 행동들은 처음부터 능숙하게 할 수 없다. 서툴게 따라 하면 오히려 환자에게 거슬리고, 불쾌감이나 불신을 유발할 수 있다. 예를 들어 일부러 시선을 돌리거나, 마우스를 '탁' 치거나, 정색하더라도 그게 어색하면 '뭐야, 왜 저래?'라는 반응이 먼저 나온다. 그러면 원래 의도했던 심리적 유도나 무언의 메시지는커녕, 괜한 환자의 심리만 자극하게 된다.
>
> 그래서 처음엔 **한두 가지 행동만 골라서 조심스럽게** 써보는 게 좋다. 예를 들어 불안한 환자 앞에서 일부러 말투를 느리게 해보거나, 진료를 마무리할 때 책상 정리를 살짝 해보는 것부터 시작한다. 이런 행동이 몸에 익고, 나도 모르게 자연스럽게 나올 때 비로소 효과가 드러난다.
>
> 시간이 지나면 이런 **'연출'은 습관이 되고, 나만의 진료 리듬**이 된다. 그리고 그 리듬 안에서 환자는 안정을 느끼고, 의사는 통제력을 갖게 된다. 즉, 억지로 따라 하는 제스처가 아니라, 내 언어처럼 익숙해져야 진짜 무기가 된다. 행동의 심리적 효과는, 그것이 얼마나 자연스럽고 일관되게 사용되는가에 달려 있다.

나. 환자에게 하는 거짓말이 들통나는 이유

의사도 때때로 환자에게 거짓말을 해야 할 때가 있다. 희망 고문이든, 불필요한 불안을 피하기 위한 말 돌리기든, 혹은 의학적으로 복잡한 상황을 단순하게 정리하기 위한 편의적 설명이든. 문제는 그 거짓말이 너무 쉽게 들통난다는 것이다. 아무리 말로 잘 포장해도, 거짓은 몸에서 새어 나온다.

그 첫 번째 이유는 인지 부하 때문이다. 거짓말은 단순히 말을 꾸미는 일이 아니다. 거짓을 지어내는 동시에, 그 내용을 기억하고, 앞뒤 논리를 맞추며, 예상 질문에 대한 대응까지 준비해야 한다. 즉, 머릿속에서 동시에 여러 작업을 해야 한다는 뜻이다. 이건 뇌에 꽤 큰 부하를 준다. 그래서 말이 자연스럽지 못하고, 설명이 끊기거나 반복되고, 평소보다 반응 속도가 느려진다. 말을 하면서도 스스로 머릿속 검열을 하느라 흐름이 어색해지는 것이다.

두 번째는 비언어적 불일치다. 사람은 자신의 표정, 몸짓, 시선, 목소리의 떨림 같은 비언어적 신호를 완벽하게 통제할 수 없다. 입으로는 "괜찮습니다"라고 하면서도 손은 바들바들 떨리고, 눈동자는 피하고, 숨은 거칠어진다. 이런 미세한 비언어의 흔적은 무의식적으로 흘러나온다. 듣는 사람 입장에서는 뭔가 말과 행동이 어긋난다는 느낌을 받게 되고, 그 어긋남은 곧 '수상함'으로 인식된다. 환자도, 보호자도, 심지어 간호사도 이런 감각에 매우 민감하다.

세 번째는 사회적 자의식의 증가다. 거짓말을 하는 사람은 본능적으로 '지금 내가 의심받고 있는 건 아닐까?'라는 감정을 갖는다. 그래서 자신도 모르게 보상행동을 하게 된다. 대표적인 게 과도한 눈맞춤이다. 보통 사람은 대화하면서 적당히 눈을 맞췄다가 피하는데, 거짓말을 하는 사람은 오히려 "난 떳떳해요"라는 무언의 메시지를 주기 위해 눈을 뚫어지게 본다. 그 외에도 지나치게 친절하게 말하거나, 안 물어봤는데도 쓸데없는 설명을 길게 늘어놓는 경우도 많다. 이건 결국 '나는 괜찮은 사람입니다'를 강조하려는 무의식의 발버둥이다.

결국, 거짓은 말로만 하는 게 아니다. 거짓은 전신으로 표현되고, 그 표현은 쉽게 일관성을 잃는다. 환자든 의사든, 거짓말이 들통나는 이유는 단순하다. 거짓을 유지하는 건 진실보다 훨씬 어렵기 때문이다.

다. 환자에게 하는 거짓말이 들키지 않는 전략

거짓말은 그 자체보다, 들통나는 게 더 문제다. 특히 진료실 같은 밀폐된 공간에서는 표정 하나, 눈빛 한 번, 말끝의 떨림 하나까지 모조리 드러나기 마련이다. 그렇다고 거짓말을 아예 안 하고 살 수 있냐고 묻는다면, 그건 또 아니다. 진료실에서도, 환자도, 보호자도, 의사도 각자의 사정과 필요에 따라 진실을 가공해야 할 순간이 온다. 문제는 '어떻게 들키지 않고 말하느냐'는 것이다.

☐ 진실에 거짓을 섞어라 – 전면 날조는 아마추어의 방식이다.

사람들은 거짓말이 다 거짓으로 이루어져 있을 거로 생각하지만, 현실은 그렇지 않다. 진짜 고수들은 사실에 거짓을 끼얹는다. 이를 진실 혼합(truth blending)이라고 부른다. 사실의 골격은 유지하고, 일부만 조작한다. 예를 들어, "병원엔 왔어요. 근데 정확한 상담은 기억이 잘 안 나네요."

이건 전면 부정이 아니라, 방어 여지를 둔 표현이다. 왜 이게 유리하냐고? 거짓을 꾸며내는 데 드는 뇌의 부담이 줄어들기 때문이다. 말이 자연스러워지고, 표정이 덜 흔들린다. 있는 사실에 살짝 '필터'를 씌우는 게, 없는 사실을 창조하는 것보다 훨씬 덜 위험하다.

의사의 대표적인 거짓말 유형 중 하나는 시술의 필요성을 과장하는 방식이다. 예를 들어 이런 식이다. "신경주사를 안 맞으시면 상태가 더 안 좋아질 수도 있어요. 지금 치료해야 합니다." 사실 환자의 증상은 보존적 치료로 경과 관찰해도 크게 문제 되지 않는 상태일 수 있다. 하지만 신경주사는 물리치료에 비해 단가가 세고, 재방문 유도에도 효과적이다.

이럴 때 진실(주사도 하나의 치료 옵션임) 위에 거짓(지금 안 하면 더 나빠질 수 있음)을 섞는 것이다. 이렇게 말하면 완전한 거짓말이 아니므로 의사도 죄책감이 적고, 환자도 속았다는 느낌 없이 넘어간다. 포인트는 '경고의 형태로 위협을 은근히 흘리는 것'이다. 이건 영업도 아니고, 상담도 아니다. 기술이다.

❑ **말과 감정이 어긋나면 그게 증거다.**

거짓은 말보다 감정에서 먼저 새어 나온다. "정말 괜찮아요"라고 말하면서, 입은 웃는데 눈이 웃고 있지 않다면? 훈련된 관찰자, 즉 의사나 간호사는 그 미묘한 어긋남을 즉시 감지한다. 그래서 거짓말을 하려면, 말보다 감정의 일관성을 먼저 유지해야 한다.

표정, 목소리 톤, 제스처, 눈맞춤 등 모든 걸 맞춰야 한다. 눈웃음은 진짜 웃을 때만 써야 하고, 말끝의 떨림이나 입술의 미세 떨림, 미간의 찡그림 같은 건 훈련하지 않으면 감출 수 없다. 말에 집중하지 말고, 감정에 집중하라. 표정이 흔들리면 말은 그냥 소음이다.

거짓말을 할 때 가장 많이 들키는 포인트는 감정의 흔들림이다. 예를 들어, "아이고 이건 심하네요… 이건 주사 한 번은 맞아야겠어요."

이 말 자체는 위협이 아니다. 하지만 눈빛이 흔들리거나, 목소리 톤이 평소보다 낮아지거나, 웃고 있는데 눈이 안 웃고 있으면 환자는 무의식적으로 의심한다. '진짜인가?'보다 먼저 드는 감정은 '뭔가 이상한데?'다.

그래서 의사가 거짓을 말할 땐 말보다 얼굴을 먼저 훈련해야 한다. 진료실에서 감정 연기를 못하면, 아무리 좋은 말도 효과 없다. 환자는 말보다 얼굴을 믿는다.

❑ **억지로 설득하려 들면, 이미 진 거다.**

거짓말이 들통나는 가장 흔한 패턴 중 하나는 말이 너무 많아지는 것이다. "진짜예요!", "제가 그런 사람으로 보여요?" 같은 방어성 발언은 오히려 상대의 경계를 자극한다. 이상하게도, 진짜 진실을 말하는 사람은 오히려 모호하게, 단순하게 말한다. 예를 들어, "글쎄요, 정확히 기억은 안 나는데요." 이런 말이 오히려 자연스럽다. 뭔가 감추고 있다면, 그걸 감추려고 과도하게 설득하려 들게 된다. 그 순간, 리듬이 깨진다. 거짓말은 설득하려 들수록 조잡해지고, 간결할수록 자연스러워진다.

환자를 걱정하는 의사의 표정

어설픈 의사들이 자주 하는 실수는 거짓말을 한 뒤 불안해져서 말을 더한다는 것이다. "진짜예요. 제가 괜히 그러겠어요? 다른 환자들도 다 이거 맞고 좋아졌어요.", "이 정도면 한 3번 정도는 주사 맞으셔야 해요. 그게 원래 프로토콜이에요." 이런 식의 과잉 설명은 환자에게 '무언가 감추고 있다'는 인상을 준다.

진짜 자신 있는 사람은 말이 적다. 그래서 진료실에서 환자를 설득하고 싶다면, 오히려 차갑게, 단정적으로 말하고 입을 다무는 게 더 강하다. 말이 많아지면, 이유가 아니라 핑계처럼 들린다.

❏ 눈은 피하지도 고정하지도 마라.

사람들은 시선을 피하면 거짓말이라고 생각한다. 틀렸다. 진짜 수상한 건, 시선을 '과하게' 맞추는 쪽이다. 거짓말을 할 때 사람들은 '떳떳함'을 연기하려고 눈을 뚫어져라 쳐다본다. 오히려 자연스럽게 시선을 움직이는 사람이 가장 의심을 덜 받는다.

게다가 불안할 때 나타나는 행동인 손 만지작거리기, 다리 떨기, 펜 돌리기 같은 자기 위안 행동(self-soothing behavior)이 드러나면 바로 '들통'이다. 시선, 목소리 톤, 손짓 다 '익숙한 리듬'으로 유지해야 한다. 긴장감이 들키면, 그다음은 대화가 아니라 심문이다.

❏ 자연스럽게 행동하라. 시선, 제스처, 말투 전부 '평소처럼' 유지

잘나가는 병원에선 이 기술이 기본 장착이다. 환자에게 필요하지 않은 고가의 시술을 추천하면서도, 시선은 흔들리지 않고, 손은 책상 위에 안정적으로 올라가 있다.

"보통은 신경차단술 하고, 추가로 도수치료까지 같이 진행합니다. 보험 적용은 안 되지만 그게 제일 효과적이에요."

여기서 중요한 건 말투와 리듬이다. 불필요한 손짓도 없고, 눈은 환자와 적절히 마주치며, 말은 딱 필요한 만큼만 한다. 이건 거짓을 말하는 게 아니라, 루틴을 실행하는 느낌이 되어야 한다. 그렇게 되면 환자로선 "이건 이 병원에서 늘 하는 치료구나"라는 인상을 받게 된다.

의사의 시선, 말투, 움직임이 모두 '일상적'일수록 거짓말은 정당해 보인다.

❑ 말은 짧게, 대답은 천천히

거짓말을 할 때 중요한 건 속도다. 너무 빠르면 정리되지 않은 티가 나고, 너무 느리면 준비하는 것처럼 보인다. 그래서 적당한 '지연 기술'이 필요하다. 예를 들어,

"음… 그게 말이죠…", "글쎄요, 기억이 잘 안 나는데…"

이런 식으로 시간을 벌어야 한다. 그냥 멈추는 게 아니라, 모호한 표현을 섞어 시간을 버는 것이다.

중요한 건, 이 멈춤이 감정 톤과 일치해야 한다는 거다. 말은 멈췄는데 표정이 불안하면 안 된다. 말과 표정이 같은 리듬으로 움직일 때, 진실이든 거짓이든 일관성 있게 들린다. 결국, 사람은 '정확한 말'보다 '일관된 태도'에 더 신뢰를 준다.

거짓을 말할 땐 준비 시간이 필요하다. 질문에 당황해서 어색하게 멈추거나, 말이 막히면 바로 수상해진다. 그래서 이런 식의 완충 구간을 만드는 게 중요하다.

"음… 이게 좀 애매하긴 한데요… 제 경험상 지금쯤엔 주사를 들어가는 게 좋습니다."

"정확하게 딱 잘라 말하긴 어렵지만… 그래도 대부분은 이 치료 방향으로 가요."

이런 식으로 모호한 말을 먼저 던진 다음, 뒤에 정해진 결론을 붙이면 환자는 받아들이기 쉽다. 모호함은 방어막이고, 지연은 심리적 여유다. 즉답은 위험하고, 여운은 설득이다.

□ **결론: 거짓말은 말로 하는 게 아니다. 몸으로 하는 것이다.**

말은 포장지일 뿐이다. 진짜 내용물은 표정, 몸짓, 리듬, 눈빛이다. 그리고 그 모든 비언어 신호는 훈련되지 않으면 배신한다. 그래서 거짓말을 하려면 말을 잘하는 게 중요한 게 아니다. 자연스럽게 있는 척하는 연습이 더 중요하다. 거짓은 정교해야 들키지 않고, 정교함은 결국 '자연스러움'에서 나온다.

10

환자 설득 기술

환자 설득 기술

 진료실에서 벌어지는 수많은 대화와 판단 중 일부는, 나도 모르게 '틀린 길'로 접어든 채 이어지곤 한다. 환자의 말에 무심코 맞장구치거나, 증상의 본질보다 겉모습에만 집중하는 실수, 혹은 환자의 심리를 간과한 채 정답만을 말하려는 태도. 이런 잘못된 진료는 비단 지식의 부족 때문만은 아니다. 오히려 대부분은 '방식'의 문제에서 비롯된다.

 이 책은 실제 진료 현장에서 흔히 벌어지는 잘못된 사례들을 모아, 그 오류가 어디에서 비롯되었는지를 짚고, 어떻게 고치면 좋을지를 함께 고민하고자 한다. 단순한 지식의 전달이 아니라, 행동과 말투, 태도와 순서, 그리고 시선의 방향까지 포함한 '진료의 방식' 자체를 돌아보는 작업이다.

 우리는 흔히 환자의 잘못된 태도나 오해에서 문제를 찾지만, 그보다 먼저 의사의 대응을 점검하는 것이 필요하다. 잘못된 진료는 '지금의 나'에서부터 고칠 수 있기 때문이다.

가. 설득 이전의 준비: 신뢰 구축이 먼저다.

❏ 첫인상이 결정짓는 3초의 법칙

 진료실 문이 열리는 그 순간, 환자는 이미 의사를 평가한다. 눈빛은 날카롭게 스캔하고, 걸음걸이와 자세, 복장, 심지어 의자의 각도까지 무언의 판단 재료가 된다. 심리학에서는 이를 '3초의 법칙'이라 부른다. 상대방을 처음 마주한 지 단 3초 만에 신뢰 여부가 뇌 속에서 무의식적으로 결정된다는 의미다.

물론 의사의 전문성은 자격증이나 학위가 보장해 주는 것이지만, 환자는 그것을 직접 확인할 수 없다. 그 대신 눈앞에 보이는 '태도'와 '분위기'를 근거로 신뢰 여부를 정한다. 그래서 진료 초반, 말 한마디보다 더 중요한 건 '첫 3초의 자세'다. 흐트러진 복장, 피곤한 표정, 무표정한 얼굴은 이미 마이너스에서 출발하는 진료가 될 수 있다.

환자가 진료실에 들어올 때, 의사의 몸이 느릿하게 고개를 돌리고, 천천히 눈을 맞추며, 가볍게 인사하는 그 리듬 하나로 "이 사람은 바쁘지만 성급하지 않다", "여유 있는 전문가다"는 인상을 줄 수 있다. 말보다 빠르게, 그리고 말보다 깊게 인식되는 이 첫인상은 설득의 기반이 된다.

☐ '의사다움'이라는 무언의 권위 만들기

설득이란 정보를 주는 것이 아니라, 권위를 인정받는 것이다. 환자가 의사의 말을 '듣는 척'만 할지, 진심으로 '수용'할지는, 결국 '이 사람은 전문가다'는 인식이 먼저 생겼는지에 달려 있다.

여기서 중요한 개념은 '의사다움'이다. 굳이 의학적 내용을 나열하지 않더라도, 말투와 자세, 대화의 구조만으로도 전문가의 권위는 만들어질 수 있다. 예를 들어, 환자의 말을 다 들은 뒤 2~3초 정도의 정적을 두고 나서 입을 여는 행동은, 정보를 곱씹고 판단하는 사람에게서만 나오는 여유다. 마우스를 한 손에 가볍게 쥐고 멈춘 자세, 모니터가 아닌 환자의 눈을 바라보며 결론을 천천히 끌어내는 말투는 모두 무언의 권위를 형성한다.

의사의 말이 얼마나 맞는가보다, 이 사람이 스스로 확신에 차 있는가가 환자에게 더 중요하다. 설명이 아니라 연출이 필요한 이유다. 마치 배우가 배역에 몰입하듯, 진료실에서의 '의사다움'은 일종의 역할 수행이며, 이 연출이 신뢰를 만든다.

❏ 미러링과 유사성 효과로 거리 좁히기

사람은 자기와 비슷한 사람에게 마음을 연다. 이를 행동심리학에서는 '유사성 효과(similarity effect)'라고 부른다. 진료 현장에서도 마찬가지다. 의사가 너무 딱딱하거나 거리가 느껴지면, 환자는 방어적인 태도를 유지한 채 의심부터 하게 된다.

이럴 때 유용한 전략이 바로 '미러링(mirroring)'이다. 말투, 제스처, 표정 등을 은근히 따라 하며, 상대방의 심리적 거울이 되어주는 것이다. 예를 들어, 환자가 빠르게 말하면 약간 템포를 맞춰주고, 다리를 꼬고 앉으면 몸을 살짝 기울이는 식이다. 억지스러우면 역효과가 나지만, 자연스럽게 녹아든다면 환자는 무의식적으로 편안함을 느낀다.

또한, 환자의 말 중에서 몇 가지 단어를 그대로 반복하거나 요약해 주는 것도 강력한 유사성 신호가 된다. "그러니까 운동 후에 무릎이 더 아프셨다는 말씀이시죠?"라는 식의 피드백은, 환자가 '이 의사는 내 말을 잘 듣는다'는 인식을 하게 만드는 촉매제가 된다. 유사성은 신뢰의 지름길이다.

□ '말보다 분위기': 비언어적 메시지의 중요성

진료실에서 가장 강력한 커뮤니케이션은 말이 아니라 '분위기'다. 의사가 무슨 말을 했느냐보다, 말하는 순간의 표정과 억양, 말하는 방식이 환자의 감정에 더 큰 영향을 미친다.

말은 정보지만, 분위기는 감정이다. 그리고 환자는 감정을 먼저 받아들인다. 예를 들어, "걱정할 정도는 아닙니다"라는 같은 말도, 무표정하고 단호하게 말하면 환자는 불안해하고, 부드럽고 따뜻한 어조로 말하면 안도한다. 단어는 같지만, 분위기가 전혀 다르다.

눈 맞춤의 길이, 고개를 끄덕이는 횟수, 몸의 방향, 숨소리의 리듬까지 모두 비언어적 메시지다. 특히 설명할 때, 컴퓨터 화면이 아닌 환자 쪽으로 몸을 돌리고 이야기하면 그것만으로도 '이 사람은 나에게 집중하고 있다'는 메시지를 보낼 수 있다.

결국, 설득은 '말로 하는 것'이 아니다. 설득은 분위기로 가능하게 만들고, 말은 그저 거들 뿐이다. 환자는 의사의 말을 믿는 것이 아니라, 그 말이 나오는 분위기를 믿는다.

나. 커뮤니케이션의 기본 기술: 설득은 말의 기술이 아니다.

□ 말을 '듣게' 만드는 리듬과 멈춤

많은 의사가 "내가 분명히 설명했는데 왜 못 알아듣지?"라는 질문을 하곤 한다. 그러나 문제는 무엇을 말했는가보다 어떻게 말했는가에 있다. 설득이란 말을 많이 하는 것이 아니라, 상대가 듣게 만드는 리듬을 만드는 일이다. 리듬이란 말의 속도, 멈춤의 타이밍, 문장의 길이에서 생긴다.

예를 들어 "지금 상태는 괜찮습니다"라고 단숨에 말하기보다는, "지금 상태는요… (1초 멈춤)… 괜찮습니다"라고 말하면 완전히 다른 인상을 준다. 이 짧은 멈춤 하나가 정보의 무게를 만들어준다.

또한, 의사의 말이 일정한 속도로 이어질 때, 환자는 중간에 끼어들지 않고 끝까지 듣는 경향이 있다. 하지만 빠르고 조급하게 설명하면, 환자는 도중에 끼어들고 불안감을 느낀다. 천천히, 짧게, 멈춰서 말하는 법. 이것이 진짜 설득의 문을 여는 시작이다.

❏ 설득의 3요소: Ethos, Logos, Pathos

설득의 고전적 3요소는 아리스토텔레스가 제시한 에토스(ethos), 로고스(logos), 파토스(pathos)다.

- Ethos (인격·신뢰): 설득의 가장 강력한 기반은 '이 사람 말이면 믿을 수 있다'는 신뢰다. 의사의 인상, 태도, 말투에서 나오는 무언의 메시지가 여기에 포함된다.
- Logos (논리): 진단의 근거, 치료의 필요성, 예후 설명 등 모든 의학적 판단은 여기에 속한다. 하지만 논리만으로 환자의 마음을 움직이는 데는 한계가 있다.
- Pathos (감정): 환자가 불안해하거나 화가 났을 때, 정서적 반응을 수용하고 공감하는 것이 핵심이다. "많이 힘드셨겠네요"라는 한마디가 설득보다 강한 이유다.

의사의 설명이 아무리 논리적이라도, 환자의 감정이 무시되면 설득은 실패한다. 진짜 설득은 이 세 가지가 균형을 이루는 순간 발생한다.

❏ **말의 선택보다 말투가 더 중요할 때**

"수술이 필요합니다."

이 문장은 위협적으로 들릴 수도, 안심되는 말로 들릴 수도 있다. 문제가 되는 건 단어가 아니라 말투다. 환자는 말의 의미보다, 그 말을 전달하는 어조와 표정에 더 민감하게 반응한다.

이는 '파라언어적 정보(paralinguistic cues)'의 효과로, 심리학 연구에 따르면 말의 내용보다 억양·속도·표정이 설득력에 더 큰 영향을 준다고 알려져 있다. 단호하면서도 부드러운 말투, 결론을 먼저 말하기보다는 설명 후 제안하는 구조, 그리고 감정을 실어주는 목소리의 높낮이는 설득력을 극대화하는 도구다.

결국, 환자는 의사의 말을 듣는 것이 아니라, 그 말을 통해 어떤 느낌을 받는지를 기억한다. 말투는 감정의 전달 도구이자, 설득의 핵심 수단이다.

❏ **피드백을 이끌어내는 개방형 질문**

진료 중 "어디가 불편하세요?"라는 질문은 너무 당연하지만, 그 자체로는 진짜 피드백을 얻기 어렵다. 설득은 양방향 대화일 때 비로소 가능해진다. 그래서 의사의 역할은 환자의 말을 유도하는 쪽에 가깝다. 이를 위해 필요한 것이 바로 개방형 질문(open-ended question)이다.

"어디가 아프세요?"보다

"처음 아프기 시작한 건 언제부터였나요?"

"그 전과 비교해서 어떤 느낌이 다르세요?"

같은 질문은 환자의 서술을 유도하고, 그 과정에서 스스로 문제를 인식하게 만든다. 특히 환자가 자기 말을 잘했다고 느끼면, 설득에 대한 저항감이 현저히 줄어든다. 말을 많이 한 쪽일수록 상대의 말을 수용할 가능성이 크기 때문이다.

결국, 설득은 설명보다 '묻게 하는 기술'에서 시작된다.

❏ 모호한 말로 여지를 남기는 기술

의사에게 필요한 건 정확한 정보 제공이지만, 때로는 의도적인 모호함이 환자에게 더 도움이 되는 예도 있다. 특히 예후나 치료 반응에 대해 너무 단정적인 표현을 사용하면, 나중에 문제가 생길 여지를 남긴다.

예를 들어, "절대 재발 안 합니다"라는 말보다는 "환자 대부분에서 재발 우려는 낮지만, 아주 드물게 불편감이 남는 일도 있습니다."라는 식의 모호한 표현은, 사실상 정확성과 보호성을 동시에 만족시킨다.

이처럼 모호함은 단순한 회피가 아니라, 관계의 완충 장치가 된다. 환자에게는 생각할 여유를, 의사에게는 방어적 유연성을 제공한다. 그리고 무엇보다 환자가 자기방식으로 해석할 수 있는 여지를 줄 때, 설득은 더욱 자연스럽게 이루어진다.

다. 핵심 설득 전략: 상황별 커뮤니케이션 전략

❑ **치료를 거부하는 환자**

"저는 그런 치료는 안 할 거예요."

이 말에는 다양한 감정이 섞여 있다. 의심, 두려움, 과거의 실패 경험… 그러나 대부분은, '지식'의 부족이 아니라 '믿음'의 결여에서 나온다. 치료를 거부하는 환자는 치료의 내용을 몰라서가 아니라, 치료를 권하는 의사를 아직 신뢰하지 않기 때문에 거부하는 것이다.

이때 가장 흔한 실수는 논리로 설득하려는 것이다. "이건 표준 치료입니다", "논문에 근거한 방식입니다" 같은 말은 오히려 '강요'로 받아들여진다. 이들에게는 치료 자체보다, 의사가 자신을 어떻게 대하는지가 더 중요하다.

이럴 때는 일단, 거부를 존중하는 태도를 보인다. "싫으실 수 있습니다. 그럴 수도 있죠." 이 말은 '당신의 감정을 받아들입니다'라는 메시지이자, '나는 당신을 통제하려 하지 않습니다'는 선언이다. 신뢰는 이 지점에서 시작된다. 설득은 종종 한 박자 늦게 시작되어야 한다.

❑ **과잉 정보에 휘둘리는 환자**

"제가 인터넷에서 찾아봤는데요…", "유튜브에서는 다르게 말하던데요?"

이런 환자들은 진료실에 '질문'을 하러 오는 것이 아니라, '확인'을 하러 온다. 스스로 이미 많은 정보를 수집해 왔고, 의사는 그 정보의 신뢰도를 판별해주는 심판관의 역할을 기대받는다.

이때 의사가 "그건 틀린 정보입니다"라고 단언하면, 관계는 단절된다. 환자의 정보가 틀렸더라도, 그걸 바로잡는 방식이 부정적인 인상을 주면 설득은 실패한다. 가장 효과적인 전략은 정보의 '출처'를 기준으로 전환하는 것이다.

"그 정보가 어디서 나왔는지가 중요합니다. 연구 결과를 기반으로 한 건지, 아니면 개인의 경험담인지에 따라 해석이 달라집니다."

이렇게 말하면, 환자는 자신의 정보가 공격받았다고 느끼지 않으면서도, 한발 뒤로 물러나 생각할 여지를 얻게 된다. 정보 과잉 시대에는, 정보의 양이 아니라 '정보의 구조'를 설명하는 방식이 설득의 핵심이다.

❑ 비용에 예민한 환자

"이 치료 꼭 해야 하나요?", "보험 안 되면 그냥 참을게요."

비용에 민감한 환자는 단순히 돈이 없어서가 아니라, 지출의 가치를 확신하지 못해서 치료를 거부한다. 즉, 신중한 소비자이자 감정적으로 불안을 가진 사람이다. 이런 환자에게 금액부터 이야기하는 것은 역효과를 낳는다.

그보다는 치료가 필요한 이유 → 그로 인한 변화 → 선택지 → 비용의 순서로, '가치 → 비용'의 흐름을 따라 설명해야 한다.

또한, 비교 프레이밍도 유용하다.

"이 치료는 비용이 있지만, 안 했을 경우 더 큰 진료비가 들어가는 상황도 생길 수 있습니다."

이는 손실 회피 성향을 자극해 결정을 유도한다. 설득은 언제나 비용이 아니라 '이득'에서 시작해야 한다.

❑ "전에 다른 병원에서…"를 반복하는 환자

"다른 병원에서는 주사 한번에 낫더라고요."

이 유형의 환자는 치료가 잘 안 되는 현실을 인정하고 싶지 않다. 그래서 과거 경험을 끌어와 현재를 부정하고, 다른 의사를 끌어들여 지금의 의사를 압박한다. 여기서 중요한 것은 '비교'에 휘둘리지 않는 태도다.

"그 병원은 그 병원 나름의 판단이 있었겠지요. 지금의 상태는 그때와는 다르니까, 접근 방식도 달라질 수 있습니다."

이렇게 말하면, 상대 병원을 무시하지 않으면서도 자신의 판단 근거를 전달할 수 있다. 중요한 것은 환자가 무의식적으로 벌이는 '진료실 갈등 구도'를 중립적으로 해체하는 태도다. 환자의 말을 논박하지 말고, 해석의 관점을 바꿔주는 기술이 필요하다.

❏ 지시를 거부하고 자율성을 요구하는 환자

"그렇게 하라고 하시면 더 하기 싫어지네요."

이들은 '치료'를 거부하는 것이 아니라, '지시받는 것'을 거부한다. 의사가 권위적으로 느껴지면, 자동으로 반발이 일어난다. 이는 통제에 대한 민감성과 자기 결정권의 욕구에서 비롯된다.

이때 가장 효과적인 방식은 선택권을 주는 대화 구조다.

"두 가지 방법이 있습니다. 선생님 성향상, 이 방식이 좀 더 편하실 수도 있겠네요."

이런 말은 치료를 '강요'가 아닌 '협의'로 바꾸며, 환자의 자율성을 건드리지 않는다. 이런 환자에게는 정답을 말하는 것이 아니라, 여러 방향 중 하나를 '함께 고르는 느낌'을 주는 것이 가장 설득력 있는 방법이다. 결국, 설득은 '결정'을 전달하는 것이 아니라, '결정하게 만드는 환경'을 만드는 일이다.

라. 말보다 강력한 기술: 행동을 이용한 설득 전략

□ 치료 결정을 환자 스스로 하게 유도하는 '선택의 착시'

"선생님이 하라는 대로 할게요"라고 말하는 환자조차, 실제로는 자기가 선택한 것 같은 느낌을 원한다. 이때 활용되는 대표적 기법이 행동경제학에서 말하는 '선택 프레이밍', 혹은 심리학적 용어로 '자율성 착각(illusion of choice)'이다.

예를 들어 이렇게 말해보자.

"두 가지 방법이 있습니다. 첫 번째는 약물치료를 먼저 해보고, 두 번째는 바로 주사를 놓는 겁니다. 선생님 상황상 어떤 방식이 더 맞으실까요?"

환자는 결국 의사가 제시한 범주 안에서 선택을 하게 되지만, 그 과정에서 느끼는 결정 권한의 감각은 전적으로 자신에게 있다고 착각한다. 이것이 설득이 강요처럼 느껴지지 않게 만드는 핵심이다. 환자는 설명에 따라 움직이지 않고, 선택했다는 감정에 따라 움직인다.

□ 의사의 침묵이 주는 압력과 여운

설득을 말로만 하려는 순간, 대화는 과밀해지고 방어적으로 된다. 때로는 말을 멈추는 것이 가장 강력한 메시지가 된다. 심리학에서는 이를 '전이된 긴장감(transferred tension)'이라고 부른다.

예를 들어 환자가 "그 치료는 안 하고 싶어요"라고 말했을 때, 즉각 반박하거나 질문을 던지는 대신, 잠시 조용히 있는 것만으로도 상황은 바뀔 수 있다. 의사의 침묵은 환자에게 '내 말이 지나치지 않았나?', 혹은 '이 사람이 말없이 뭔가를 생각하고 있다'는 긴장감을 부른다.

이 침묵은 단순한 공백이 아니다. 의사의 판단이 머물러 있는 공간, 그리고 환자의 감정이 반성하며 움직일 수 있는 여지를 제공한다. 말을 하지 않음으로써 설득의 여운을 남기는 기술, 이것이 말보다 강력한 커뮤니케이션이다.

▢ 마우스를 쥔 손을 멈추는 타이밍

진료 중 환자가 의심을 품거나, 갑자기 반론을 제기할 때, 말로 대응하기 전에 가장 먼저 해야 할 행동이 있다. 바로 마우스를 쥔 손을 멈추는 것. 이 단순한 동작은 말보다 더 많은 메시지를 담는다.

"지금 당신 말을 듣고 있어요", "이건 그냥 설명이 아니라 중요한 순간입니다"

라는 무언의 표현이 된다.

특히 이 정적의 순간은, 환자의 공격적 에너지나 방어적 태도를 스스로 점검하게 만든다. 움직이던 손을 멈추는 건 '판단 중'이라는 신호이고, 그 신호는 말보다 훨씬 설득력 있게 작동한다. 눈을 마주치지 않고 화면만 보는 의사와, 말없이 마우스를 멈추는 의사 사이의 차이는 크다.

후자는 '생각하는 전문가'로 기억된다.

❑ **진료실의 구조와 의자의 위치로 유도하는 흐름**

진료실의 구조는 단순한 공간 배치가 아니다. 의사의 권위, 환자의 심리, 대화의 주도권을 은밀하게 좌우하는 중요한 연출이다. 예를 들어 환자가 처음 앉는 자리를 '책상 건너편'이 아닌 의사와 같은 방향을 바라보는 위치로 설정하면, 상대적 긴장감은 줄고 동료적 관계가 형성된다.

"같이 본다"는 구조가 되는 것이다.

또한, 치료 설명을 할 때 의자에서 약간 몸을 기울이거나, 모니터를 돌려 환자와 '공동 시청'하게 만드는 행동은 '당신은 진료의 대상이 아니라, 진료의 참여자입니다'라는 무언의 메시지를 전한다.

심지어 의사의 높낮이도 영향을 준다. 앉아 있는 환자보다 눈높이가 지나치게 높으면 권위는 생기지만 방어심도 올라간다. 때로는 의자가 아닌 옆자리로 잠깐 옮겨 앉는 것만으로도 대화의 기류가 완전히 바뀌는 경험을 하게 된다.

설득은 말이 아니라 환경으로 시작된다. 진료실은 말이 없는 첫 번째 대화이며, 환자가 가장 먼저 '받아들이는 말 없는 설득'이다.

마. 환자의 동의를 끌어내는 기술: 인지 편향과 설득 심리

❑ **확증 편향: 환자가 듣고 싶은 말만 듣는 이유**

"그렇죠? 역시 제가 생각한 대로네요."

이 말은 단순한 수긍이 아니라, 환자가 이미 마음속에 정해둔 결론에 '확인 도장'을 받는 순간이다. 이처럼 사람은 자신이 이미 믿고 있는 정보에 부합하는 이야기만 기억하고 받아들이는 경향이 있다. 이것이 바로 확증 편향(confirmation bias)이다.

환자가 이미 진단이나 치료법에 대한 나름의 결론을 갖고 왔다면, 그와 다른 설명은 아무리 논리적이어도 '불쾌한 간섭'으로 느껴질 수 있다. "그건 아니에요"라는 말은 정보 전달이 아니라, 자존심에 대한 위협으로 작동한다.

이럴 땐, 우선 환자의 관점을 일부 수용하면서 접근해야 한다. "말씀하신 관점도 가능한 부분이에요. 그런데 다른 각도에서 보면 이런 해석도 가능합니다." 이런 식의 양면적 인정은 환자의 확증 편향을 자극하지 않으면서 설득의 여지를 확보한다.

설득은 반박이 아니라, 환자의 확신을 조정하는 기술이다.

❏ 대표성 편향: 사례 중심 설득이 효과적인 이유

"저희 옆집 아저씨도 주사 한 번 맞고 다 나았다는데요?"

이런 주장은 객관적 근거보다 사례 하나의 임팩트에 의존하는 대표적 인지 오류, 바로 대표성 편향(representativeness heuristic)이다. 환자는 통계보다 사례를 믿는다. '10% 확률의 부작용'보다 '유명 연예인이 주사 맞고 부작용 온 사례'가 훨씬 강한 영향을 미친다. 이는 뇌가 개별 사례를 전체의 대표로 간주하는 경향 때문이다.

의사도 이 편향을 역이용할 수 있다.

"비슷한 증상을 가진 환자분이 있었는데, 초기에는 약물치료로 좋아지셨습니다."

이처럼 간단한 사례를 넣는 것만으로도 설명의 설득력은 급격히 높아진다. 설득은 논문에서 오는 게 아니다. 진료실에서 겪은 '작은 이야기'가, 환자의 마음을 움직인다.

□ 손실 회피 성향: "하지 않으면 위험할 수 있습니다"의 설득력

"꼭 이 치료를 해야 하나요?"라는 질문에 "하면 좋아집니다"보다 "안 하면 더 나빠질 수 있습니다"가 더 강력한 이유는, 인간이 이득보다 손실을 더 크게 느끼기 때문이다. 이는 손실 회피(loss aversion)라는 심리 법칙으로, 사람은 얻는 기쁨보다 잃는 고통에 2배 이상 민감하다.

이 원리를 진료에 적용하면,

"이 주사를 맞으면 좋아지실 수 있어요"보다는

"이 주사를 안 맞으면 통증이 더 심해져서 일상생활이 어려워질 수 있습니다"가 훨씬 더 설득력 있게 들린다. 단, 과도한 공포 자극은 역효과를 낼 수 있으므로, 정확한 근거와 중립적인 어조로 전달하는 것이 중요하다. 설득은 유도지만, 위협이 되어선 안 된다.

□ 앵커링 효과: 진료 옵션 제시 순서의 중요성

"수술비는 200만 원이고요. 대신 주사 치료는 30만 원입니다."

이 설명 순서와

"주사는 30만 원이고, 수술은 200만 원입니다."라는 설명은

같은 정보지만 전혀 다른 느낌을 준다. 이는 앵커링 효과(anchoring effect) 때문이다. 사람의 뇌는 처음 들은 숫자나 개념에 기준점을 두고 이후 판단을 이어간다.

첫 제안이 강하게 설정되면, 그 이후의 옵션은 상대적으로 가볍게

느껴진다. 따라서 고가 치료나 강도 높은 치료를 먼저 제시하고, 그다음 보조 옵션을 이야기하면, 후자가 '합리적인 대안'으로 받아들여진다.

진료 제안의 순서는 단순한 배열이 아니다. 환자의 판단 기준을 은밀히 조절하는 설득의 설계도다.

❑ 프레이밍 효과: 같은 말, 다른 결과

"이 치료의 성공률은 90%입니다" vs. "실패할 확률은 10%입니다"

같은 숫자지만, 느낌은 전혀 다르다. 바로 이것이 프레이밍 효과(framing effect)다. 같은 정보를 어떻게 표현하느냐에 따라, 환자의 반응은 정반대로 달라질 수 있다.

"수술을 받지 않으면 관절 손상이 점점 진행됩니다."

라는 말과

"수술을 받으시면 관절을 지금보다 더 잘 보호할 수 있습니다."

라는 말은 정보 구조는 같지만, 감정의 방향이 다르다. 프레이밍의 기술은 '진실을 왜곡하지 않고도' 상대의 선택을 유도할 수 있는 정당한 심리 도구다. 의사는 '어떻게 말할 것인가'를 설계함으로써, 환자의 판단을 보다 합리적이고 수용할 수 있게 이끌 수 있다.

바. 실패 없는 설득을 위한 대화 패턴

❑ 반론을 예방하는 '예방적 수용 화법'

"제가 보기에는 이런 치료가 좋을 것 같습니다만, 환자분 생각도 다를 수 있습니다."

이 한 문장은, 반론을 미리 무력화하는 심리적 방패막이 된다. 이런 화법을 예방적 수용(preemptive acknowledgement)이라고 부른다. 상대가 가질 법한 반론, 의심, 저항을 미리 의사가 인정해줌으로써 상대는 '말할 필요조차 없게 되는 심리'를 느낀다.

예를 들어,

"이 치료에 대해 의심이 드실 수도 있어요. 당연한 반응입니다."

라고 말한 뒤 설명을 이어가면, 환자는

"아, 이 사람은 내 입장을 미리 고려했구나"라는 관계적 안정감을 느낀다. 설득은 말의 내용보다, 누가 먼저 감정을 인정했는가에 따라 성패가 갈린다.

❏ '그럴 수 있습니다'로 시작하는 대화

설득의 첫 문장이 "그건 아닙니다"라면 방어가 올라가고, "그럴 수 있습니다"라면 대화가 열린다. '그럴 수 있습니다'는 겉보기에 중립적이지만, 실제로는 감정적 저항을 차단하고, 신뢰의 공간을 확보하는 키워드다.

예를 들어 환자가

"인터넷에서는 주사로 다 나았다고 하던데요?"라고 말할 때,

바로 "그건 틀렸어요"라고 하면 갈등이 생긴다.

하지만

"그럴 수 있습니다. 많은 분이 그렇게 생각하세요."

라는 말로 시작하면, 공감의 문을 연 채 설명을 이어갈 수 있다.

이 표현은 설득이 아니라 '수용'처럼 들리기 때문에, 환자는 오히려

더 이성적인 귀를 갖게 된다. '수긍 후 설명'은 '반박 후 논리'보다 훨씬 효과적이다.

❏ 동의하지 않되 공감하는 기술

설득이란 반드시 동의해야만 시작되는 대화는 아니다. 중요한 건 공감은 할 수 있으나, 판단은 다르게 할 수 있다는 구도다. 환자가 "제 생각엔 이건 근육 뭉친 거 같아요"라고 말했을 때, "아니에요, 그건 아닙니다"라고 정면으로 반박하면, 설명은 시작되기도 전에 끝나버린다.

이럴 때는 이렇게 말한다.

"네, 근육이 뭉쳤다고 느껴지실 수 있습니다. 실제로 만져보면 긴장도 있거든요. 그런데 안쪽 관절 부위도 같이 자극이 있는 상태입니다."

이 대화의 핵심은, 공감은 하지만 동조하지 않는 것이다. 즉, '당신 말이 이해는 되지만, 내가 보는 관점은 조금 다르다'는 걸 자연스럽게 표현하는 방식이다. 설득은 동의가 아니라 대화의 접속점을 만드는 것이다.

❏ 마지막 결정을 환자에게 남기는 설득형 말투

진료실은 결국 결정의 공간이다. 그런데 아이러니하게도, 의사가 강하게 결정하면 환자는 더 저항하고, 결정을 유도하면 오히려 받아들이는 확률이 높아진다.

이때 유용한 말투가 있다.

"저로서는 이쪽이 조금 더 권장되는 방법이긴 한데요, 환자분이 선택

하셔도 무방합니다. 제가 설명드릴게요."

이 말은 두 가지 효과를 동시에 준다. 의사의 의견은 분명히 전달되며 결정권은 환자에게 있다는 자율성의 여지가 생긴다. 이러한 말투는 환자에게 '내가 결정했다'는 느낌과 '의사가 도와줬다'는 안정감을 동시에 준다.

결국, 사람은 자기가 선택한 결과를 더 잘 받아들인다.

사. 실제 사례로 보는 설득 실패와 성공 비교

❏ 사례 1: "이건 근육뭉침이에요" 환자

> ✕ **실패한 대화**
>
> 환자: "이건 근육이 뭉쳐서 그런 거예요. 제가 원래 어깨도 자주 그래요."
> 의사: "그거 아닌데요. 관절문제입니다."
> 환자: (표정이 굳으며) "아, 그런가요…"
> 의사: "근육이 아니고요, 관절에 염증이 있어 그런 겁니다. 치료법이 다릅니다."
> 환자: "음… 일단 좀 생각해볼게요."

▶ 문제점: 의사가 너무 빠르게 확신을 드러내며 환자의 판단을 일축했다. 환자는 '틀렸다고 지적받았다'는 기분을 느꼈고, 이후의 설명은 귀에 들어오지 않았다.

> ○ 성공한 대화
>
> 환자: "이건 근육이 뭉쳐서 그런 거예요."
> 의사: "그렇게 느끼시는 분들 많습니다. 실제로 만져보면 근육 긴장도 있긴 합니다."
> 의사: "그런데 근육만의 문제였다면 이 움직임에서도 통증이 똑같이 나진 않으셨을 거예요. 관절 쪽에 자극이 함께 있을 때 나타나는 양상입니다."
> 환자: "아… 그럴 수도 있겠네요."

▶ 핵심 전략: 환자의 직관을 일부 인정하면서, 관찰 가능한 증거로 조용히 설명을 이어갔다. '틀렸다'고 말하지 않아도 충분히 판단의 전환을 유도할 수 있다.

❏ 사례 2: "인터넷에 보니까요…" 환자

> ✕ 실패한 대화
>
> 환자: "유튜브에서 어떤 분이 이 주사 위험하다고 하던데요?"
> 의사: "그건 비전문가가 하는 소리고요. 정확하지 않습니다."
> 환자: "아니, 그래도 그분은 관련 경험이 많은 것 같던데요."
> 의사: "그런 영상 믿지 마세요."

▶ 문제점: 정보의 출처를 논박하는 방식은 환자의 '자기 판단력'을 부정하게 되어 방어를 자극한다.

> ○ 성공한 대화
>
> 의사: "아, 그런 영상 많이들 보시더라고요. 요즘은 정보가 워낙 넘쳐나니까요."
> 의사: "말씀하신 내용은 아마 개인 경험일 가능성이 큽니다. 저희가 쓰는 이 치료는 연구 기반이 있고, 안전성이 검증된 방식이라 환자분 상태에 맞는지 확인해서 권하는 거예요."
> 환자: "아, 그렇군요."

▶ 핵심 전략: 정보 자체보다 '출처의 맥락'을 짚어주는 방식.

정보를 직접 부정하지 않고 '범주 전환'을 통해 설득의 구조를 만든다.

❏ 사례 3: "이전 병원에서는요…"

> ✕ 실패한 대화
>
> 환자: "전 병원에서는 그냥 물리치료만 했는데요."
> 의사: "그건 제대로 안 본 거죠. 지금 상태는 그렇게 해선 안 됩니다."
> 환자: "그래도 거기선 효과 있었어요."
> 의사: "그건 치료가 아니라 시간 끌기예요."

▶ 문제점: 타 병원을 직접 비판하면, 환자 자신의 선택을 부정당했다고 느낀다. 이로 인해 설명 자체에 반감을 갖게 된다.

○ **성공한 대화**

의사: "이전에 받으셨던 치료는 당시 상태에는 잘 맞으셨을 거예요. 지금은 조금 다르게 진행되는 양상이 보이니까, 그보다 한 단계 더 적극적인 방법이 필요해 보입니다."
환자: "아, 상황이 달라졌단 말씀이시군요."

▶ 핵심 전략: 과거를 비판하지 않고, 현재의 변화로 초점을 이동시킨다.
환자의 경험을 존중하면서도 설득의 주도권을 되찾는다.

❏ 사례 4: "주사 맞고 낫게만 해줘요"

× **실패한 대화**

환자: "잘만 해주시면, 여기 사람들 다 소개할게요."
의사: "그런 조건으로 진료하는 건 아닙니다. 원칙대로 할 겁니다."
환자: "아, 그냥 말이 그렇다는 거죠…"

▶ 문제점: 환자의 발언 의도는 약한 유대 신호일 뿐인데,
의사가 강하게 선을 그으면서 분위기를 경직시켰다.

○ **성공한 대화**

의사: "소개 말씀은 감사하지만, 진료는 그냥 제 방식대로 원칙적으로 해드릴

게요. 결과가 좋으면 그때 마음이 가시면 소개해주셔도 좋고요."
환자: "하하, 그럼요. 잘 치료받아볼게요."

▶ 핵심 전략: 농담에 가까운 거래 제안을 '가볍게 수용하면서 원칙을 전달'한다. 유연함 속에 중심을 지키는 말투가 관계를 살린다.

❏ 사례 5: "그럼 책임은 선생님이 지는 거죠?"

✕ 실패한 대화
환자: "수술하면 진짜 낫는 거 맞죠? 책임지실 수 있어요?" 의사: "책임이요? 그건 환자 본인의 선택인데요?" 환자: "아… 믿고 맡기긴 어렵겠네요."

▶ 문제점: 책임이라는 단어에 방어적으로 반응한 의사의 말이 불신의 신호로 해석됐다.

○ 성공한 대화
의사: "그 질문 충분히 이해됩니다. 완치라는 단어를 쓰긴 어렵지만, 이 수술을 통해 증상이 많이 개선된 사례는 분명히 많습니다. 제가 할 수 있는 최선은, 그 확률을 높이기 위해 준비하고 설명해 드리는 겁니다." 환자: "음… 알겠습니다. 그럼 일단 해보죠."

▶ 핵심 전략: '책임'이라는 단어를 피하지 않고, 그 의미를 현실적

인 신뢰로 바꿔서 수용한다. 결과보다 태도에서 신뢰는 발생한다.

의사의 말이 진심이어도, 환자의 귀에 닿지 않는 순간이 있다. 논리가 완벽해도, 표정 하나가 분위기를 망치고, 치료계획이 아무리 정당해도, 타이밍 하나가 설득을 무너뜨린다.

이 모든 이유는 하나다. 설득은 기술이 아니라, 관계에서 시작되기 때문이다. 관계가 없는 설명은 정보에 불과하고, 관계 속에서 이뤄지는 말은 설득이 된다. 환자를 이기려는 순간, 의사는 지게 되고 환자를 이끌려는 순간, 환자는 따라오지 않는다. 하지만 환자를 이해하려는 태도는, 그 자체로 설득의 문을 연다.

이 장에서 소개한 모든 말투, 구조, 타이밍, 침묵은 결국 '신뢰'라는 단 하나의 목적지를 향해 있는 지도일 뿐이다. 말을 잘하는 법보다, 듣고 싶게 만드는 사람이 되는 법. 그것이 진짜 의사의 설득이고, 우리가 지향해야 할 커뮤니케이션이다.

진상환자 대처법

11

진상환자 대처법
진료실의 전쟁에서 살아남기 위한 심리전

진상환자는 환자가 아니다. 의료 소비자라는 탈을 쓴 관계 파괴자다. 이들은 의학적 판단보다 의사에 대한 감정적 반응을 우선시하며, 대화가 아닌 조종, 설득이 아닌 지배, 치료가 아닌 시험을 하러 온 사람들이다.

이 장에서는 지금까지 정리한 내용을 토대로 진상환자들을 구체적 유형별로 분류하고, 그에 맞는 정밀 대응 매뉴얼을 제공한다.

친절은 한계가 있다. 전략이 필요하다.

가. 유형 1 — '다른 병원은 잘 해줬다'형

❑ 특성
- 치료나 결과에 불만을 표현하며 다른 병원과 비교
- "거긴 한번 맞고 다 나았어요", "다른 병원은 비급여 주사비 안 받던데요?"
- 사실은 시간, 거리, 비용 등 현실적 이유로 옮겨온 경우가 대부분

- ❏ 위험
  - 계속 비교, 계속 시험
  - 결국, 불만족하고 악플이나 민원으로 이어짐
- ❏ 대처법
  - 비교 자체를 무시하되, 정중하게 단호한 태도로 구조 설명
  - "병원마다 방식은 다르고, 지금 상태에는 이 치료가 가장 적합합니다."
  - '왜 안 해 주냐'는 식의 공격엔 병원의 원칙 강조
  - "모든 환자에게 동일하게 적용하고 있습니다."
  - 상대가 원하는 건 '대답'이 아니라 '지배'라는 걸 기억하라.
  - 의사가 흔들릴수록 상대는 강해진다.

나. 유형 2 — '자기 진단'형 (결론 다 내리고 온 환자)

- ❏ 특성
  - "근육 뭉쳤어요", "신경 문제는 아니고요", "이건 도수로 풀어야 해요"
  - 검사, 진단을 자기 뜻대로 요구
  - 유튜브, 블로그, 지식인에 과몰입된 환자
- ❏ 위험
  - 치료 결과가 본인 예측과 다르면 의사 탓
  - 자기주장에 반하는 의견 나오면 불신 시작됨
- ❏ 대처법

- 반박보단 확장
- "말씀하신 것도 맞습니다. 다만 확인해볼 게 더 있습니다."
- 본인이 납득할 수 있는 구조 제시
- "말씀하신 것 포함해서 근육 문제도 보이고, 관절 움직임 제한도 확인됩니다."
- 자기 확신을 부정하면 반항, 추가 설명으로 이끌면 설득 가능

다. 유형 3 — 'VIP인 척'형

❑ 특성
- "소개 많이 해드렸어요", "내가 여기 오래 다녔잖아요"
- 특혜 요구, 무리한 스케줄 변경, '특별대우'를 당연시
- 돈은 쓰기 싫고 대우는 받고 싶어함

❑ 위험
- 한 번 양보하면 끝없이 요구
- 다른 환자에게도 해달라고 할 가능성 있음 → 시스템 붕괴 유발

❑ 대처법
- 정중한 감정적 보상, 실질적 특혜는 금지
- "도움 주셔서 감사합니다. 늘 감사한 마음으로 진료하고 있습니다."
- 말은 VIP, 행위는 일반
- "특별히 ○○ 해드릴게요" → 실제론 전부 해주는 거
- 병원 규칙은 예외 없이 적용되며, '감정적 보상'은 전략적으로 활

용

라. 유형 4 — '말이 많고 끝이 없는'형

❏ 특성
- 증상 설명에 인생사 포함
- 대화의 흐름을 자기 이야기로 끊임없이 틀어버림
- 의사의 설명은 다시 자기 이야기로 흡수됨

❏ 위험
- 시간 낭비
- 결정도 못 내리고 만족도도 낮음
- 적당히 설명해도 나중에 "안 들었다"고 우김

❏ 대처법
- 초반 1~2분은 경청 → 이후 구조적 개입
- "말씀 요약하자면 ○○가 아프시고, 최근에 ○○ 증상이 더 심해졌다는 말씀이시죠?"
- 대화를 의사가 끌고 가야 함
- 지금 설명하는 게 '진료'라는 프레임을 계속 심어줘야 함

마. 유형 5 — '질문 폭격'형

❏ 특성
- "왜요?", "이건 또 왜 그래요?", "그럼 안 하면 어떻게 돼요?"

- 정보 욕구 vs 불신 욕구 구분 필요
- 불신형이면 절대 만족 못 함, 정보형이면 설명하면 잘 따른다.
❏ 위험
- 모든 말이 '책임 소재'로 번짐
- 동의서 써도 "그땐 몰랐어요"라고 말할 수 있음
❏ 대처법
- 의심형 질문 → 질문으로 되받기
- "그 부분이 걱정되셔서 그러신 거죠?"
- 논리적으로 설득하기보단, 감정 구조에 공감 후 핵심만 전달
- "그런 걱정 하시는 분들 많습니다. 그래서 이런 방식으로 합니다."
- 너무 많이 설명하지 마라. <u>스스로 덫 판다.</u>

바. 유형 6 — '내가 다 알아요'형

❏ 특성
- "그거 다 알아요", "이건 이렇게 하면 되잖아요"
- 의사를 기술자처럼 부림
- 치료계획을 지시하듯 말함
❏ 위험
- 치료 실패 시 모든 책임은 의사에게
- 자신이 옳다는 확신 때문에 동의 과정이 무의미해짐
❏ 대처법

- 맞장구 금지, 반박 금지
- 설명은 '공감 + 정보제공' 포맷으로만
- "맞습니다. 다만 이런 소견도 있어서 조금 더 살펴보려고 합니다."
- 자기가 주도했다는 환상을 깨지 말고, 의사는 실제로 주도하라.
- 너무 자의식이 과한 환자는 치료해줄수록 손해다. 말이 아예 안 통하거나 설득할 수 없는 환자는 그냥 전원하자.

사. 유형 7 ― '모든 걸 떠맡기는'형

❏ 특성
- "선생님이 해주세요. 저는 몰라요"
- 치료 선택, 부작용 설명, 심지어 예약까지도 다 넘김
- 잘 되면 칭찬, 안 되면 책임 전가

❏ 위험
- '네가 하라며?' → 민원, 소송, 악플
- 겉은 순한데 속은 날카로운 유형

❏ 대처법
- 반드시 선택지를 주고, 본인 결정 유도
- "두 가지 치료 방법 중에 저는 ○○ 추천해 드리지만, 결정은 환자분 몫입니다."
- '책임 회피형 환자'는 동의서를 꼼꼼히 받고, 설명 녹취도 고려
- 치료 전에 반드시 "어떤 걸 기대하시는지" 질문

아. 유형 8 — '불신 + 공격' 복합형

❑ 특성
- 눈을 피하면서 말은 날카롭고
- 고개는 끄덕이나 표정은 냉담
- "그게 진짜예요?", "다들 그렇게 하던가요?"

❑ 위험
- 위협성은 없지만, 끝없이 피곤함
- 의사 피드백 받아들이지 않음
- 치료를 받는 게 아니라 '감시' 중

❑ 대처법
- 단정적 표현 금지
- 군중심리 유도: "오늘도 이 주사 수십 명 맞으셨습니다"
- '감정'으로 상대하려 하지 말고, 통계와 절차로 대응
- "가장 일반적인 치료 방식이며, 80% 이상은, 이 경로로 진행됩니다."
- 이런 부류의 환자 상당수는 설득이 불가능하다. 말이 아예 안 통하면 힘 빼지 말고 그냥 전원하자.

자. 유형 9 — '가정법 중독자'

❑ 특성
- "이거 하면 뭐 어떻게 돼요?", "만약 나중에 ○○되면요?"

- 걱정 → 예상 → 시나리오 → 불안 반복
- 논리로 싸우려 들면 말려든다.

❑ 위험
- 결국, 의사의 말 중 하나라도 빗나가면 책임 묻는다
- 불안형 환자라 시술 후에도 계속 연락함 ("혹시 이게 ○○되려는 징조인가요?")

❑ 대처법
- 절대 '괜찮아요' 단정 금지
- 대신 확률 언어 활용
- "지금 상태로는 그 가능성은 매우 낮고, 만약 그런 일이 생기더라도 ○○ 방식으로 대처하게 됩니다."
- 최악의 시나리오를 미리 구조화시켜 주는 방식도 유효

차. 유형 10 ─ 부탁을 무기로 바꾸는 환자들

진상환자들은 자주 이렇게 말한다.
"이번 한 번만 도와주세요."
처음엔 가볍다. 대리처방, 날짜 조정, 기간 늘리기, 간단한 서류 편의 발급 등. 하지만 단 한 번이라도 들어주면, 그게 '룰'이 된다. 다음엔 더 심한 부탁이 오고, 거절하면 오히려 공격당한다.
"지난번엔 해줬으면서요? 그땐 되더니 지금은 왜 안 되죠?"
그리고 태연하게 민원 넣는다. 보건소, 건강보험공단, 국민신문고 등. 도와준 걸 약점으로 바꾸고, 그걸 들이밀며 협박한다.

❏ 특성
- 처음엔 사소한 부탁부터 시작해 점점 요구 수위가 높아진다.
- 의사와 '신뢰 관계'라도 있는 듯 행동하며 도덕적 빚을 지운다.
- "편하게 좀 해줘요"라고 말해놓고, 나중엔 "의사가 그렇게 했다"고 책임 전가
- 거절 시 '태도 문제' 등으로 민원을 넣으며 압박. 이전 사례를 근거 삼아 공격

❏ 위험
- 불법 진료의 시작점: 한 번의 예외가 의료법 위반의 문이 된다.
- 민원에 의한 소명이 부담됨. 전후 사정을 의사가 입증해야 하는 구조에서, 기록이 없으면 불리
- 한 번 해주면 다른 환자에게도 같이 해야 하는 선례로 오해됨
- 일관성 없는 대응은 의사 판단의 정당성을 무너뜨린다.

❏ 대처법
- "한 번만"이라도 허용하지 말 것. 규정 위반은 단호히 차단
- 의사의 개인적 판단이 아닌 제도 문제로 돌려 감정 소모 최소화
- 요청 내용, 설명 내용, 거절 이유를 모두 EMR에 상세히 남겨야 소명 가능
- "이건 민원 사안이 될 수 있어서 정확히 대응해야 합니다" 등으로 책임 전가 차단
- "저도 도와드리고 싶지만, 이건 제가 도와드릴 수 있는 문제가 아닙니다."로 감정적 마찰 줄이되, 본질은 단호하게 거절

| TIPS | 저자의 조언 |

영화 '부당거래'는 단 한 번의 유혹을 넘기지 못한 사람이 어떻게 추락하는지를 적나라하게 보여준다. 진료실도 다르지 않다.

처음엔 단순히 귀찮아서, 혹은 평소 호의적이던 환자라서 별생각 없이 부탁을 들어줄 수도 있다. 하지만 그런 **'한 번'이 모든 문제의 시작**이다. 부당한 요구를 한 번이라도 수용하면, 그 순간부터는 끝이 없다. 그 환자에게는 병원이 문을 닫는 날까지 끌려다니는 꼴이 된다.

인간은 기본적으로 **"호의가 반복되면 권리인 줄 안다."** 진상환자일수록 처음엔 예의를 가장한다. 그러다 요구가 거절되면 태도를 바꾸고, 급기야 민원을 넣는다. 그리고 그 민원 하나로 병원은 행정처분 위기에 놓인다. 결국, 한 번의 부탁을 들어준 대가로 **의사는 협박받는 하청 노예가 된다.**

카. 결론

진료는 더는 의학 지식만으로는 감당이 안 되는 싸움이다. 진상환자는 기술로 상대하는 게 아니라, 전략으로 다뤄야 한다. 그 전략은 선을 긋고, 구조를 만들고, 주도권을 유지하는 것이다. 의사는 치료하는 사람이지, 감정 쓰레기통이 아니다. 진상은 없애는 게 아니다. 걸러내고, 제압하고, 통제하는 것이다.

진상환자 유형	특성	위험	대처 전략
'다른 병원은 잘 해줬다'형	비교, 시험, 불만 표현	민원·불만족 위험	병원 구조 설명, 원칙 강조, 흔들리지 말기
'자기 진단'형	자기 확신, 지식 과잉	설명 거부, 실패 시 의사 탓	부정 대신 확장, 구조 제시로 납득 유도
'VIP인 척'형	특별대우 기대, 무리한 요청	요구 확장, 시스템 붕괴 유발	감정만 보상, 실질은 원칙 고수
'말이 많다'형	인생사 장황, 진료 흐름 방해	결정력 부족, 불만 축적	요약정리로 흐름 통제
'질문 폭격'형	정보 or 불신 심리	책임 소재 전가 가능성	감정 공감 후 요점 전달, 반문 유도
'내가 다 안다'형	의사 지시, 주도권 장악 시도	책임 회피, 설명 무력화	공감 + 정보 제공, 반박 금지, 전원 고려
'모두 맡긴다'형	책임 회피, 순종 위장	결과 악화 시 민원 가능성	선택지 제공, 동의 강조, 설명 기록
'불신 + 공격'형	날카로운 말투, 감시자 태도	설득 어려움, 피로 유발	군중심리 + 통계 언어, 감정 배제
'가정법 중독자'형	불안과 상상 반복	결과 빗나가면 책임 전가	확률 언어, 시나리오 구조화
'부탁을 무기로'형	단계적 요구 확대, 민원 협박	규정 위반, 권위 붕괴	예외 없는 원칙 적용, 기록 남기기

12

말이 안 통하는 환자, 진료실에서 난동 부리는 환자

말이 안 통하는 환자, 진료실에서 난동 부리는 환자 대응 매뉴얼

진상환자 따위는 애교다. 진짜 무서운 건 대화 자체가 통하지 않는, 정신병적 언행을 보이는 환자나 보호자다. 이들은 이성적 설득이 불가능하며, 진료 거부는커녕 폭력, 욕설, 기물 파손, 민원 폭탄을 일으키는 존재들이다.

이 챕터에서는 "그냥 피하자"는 소극적 대처를 버리고, 정확한 법적 지식과 적극적 법률 조치로 이런 환자들을 법의 심판대에 세우는 방법을 다룬다.

가. 기본 전제: "똥은 피하지 말고, 치워야 한다"

무대응은 해결이 아니다.

진료실에서 폭언, 폭행, 협박, 욕설을 묵인하면 다음 피해자는 너 자신이다. 환자라서가 아니라 범죄자라서 대응하는 것이다.

나. 이런 환자, 대화로 해결 안 된다

유형	특성 및 예시
진료실에서 욕설, 삿대질	"너 같은 게 무슨 의사야", "돈만 밝히는 놈" 등 인격모독
고함 지르고 진료 마비	외래 로비에서 고성방가, 협박, 위협적 태도
기물파손	진료실 가구, 진료 도구 등을 발로 차거나 손으로 밀침
의사나 간호사에게 폭행	밀치기, 삿대질, 손을 뻗는 행동, 물건 투척 등
"죽여 버린다", "SNS에 다 올린다" 협박	반복적 협박, 명예훼손, 동영상 촬영 위협
진료실 점거 및 퇴실 여부	"끝날 때까지 안 나간다", "원장과 이야기하겠다" 버티기
무단 녹음, 영상촬영	동의 없이 휴대폰으로 진료 과정 촬영, 의료진 얼굴 녹화

진료실엔 가끔 말이 통하지 않는 존재가 들어온다. 그들은 환자이기 이전에, 소통할 수 없는 존재다. 의사가 아무리 차분하게 설명해도 돌아오는 건 논리적인 이해가 아닌 억지, 분노, 망상, 그리고 협박이다. 이들은 설득하려는 의사의 태도를 '약자'로 인식하며, 자신의 고함과

억지를 정당한 권리 주장으로 착각한다. 대화는 이미 기능을 멈췄고, 이들은 진료실에서 갑자기 고성을 지르고, 의료진에게 욕설을 내뱉으며, 삿대질한다.

"너 같은 게 무슨 의사냐", "돈만 밝히는 병원 아니냐"와 같은 인격 모독성 발언은 일상이고, 외래 대기실에서 고함을 지르며 진료 자체를 마비시킨다. 진료실 내 가구를 걷어차거나, 손으로 밀치고, 진료 도구를 만지작거리며 기물 파손으로 이어지는 예도 있다.

상담 도중 의사나 간호사에게 손을 뻗거나, 팔을 밀치고, 물건을 던지는 등 직접적인 폭행이 발생하기도 한다. 더 심각한 경우엔 "죽여버린다", "SNS에 다 올리겠다" 같은 협박과 명예훼손까지 시도된다.

진료실 점거도 빈번하다.

"끝날 때까지 안 나간다", "원장 나올 때까지 버틴다"는 식으로 물리적 퇴실을 거부하고, 그 와중에 휴대폰을 꺼내 의사 얼굴을 녹화하거나 진료 내용을 동의 없이 녹음하는 행동도 서슴지 않는다.

이런 유형의 환자에게는 어떤 설명도, 어떤 배려도 통하지 않는다. 말을 섞는 순간, 상대는 그걸 '약점'으로 간주하고 한 걸음 더 들어온다. "왜 저런가"를 분석하기보다, "어떻게 끝낼 것인가"를 준비하는 게 현실적이다.

진료는 여기서 멈췄다. 이제부터는 법과 기록이 움직일 차례다.

다. 대화하면 생기는 문제

☐ 정신적 에너지 낭비

- 그들은 듣지 않고, 넌 계속 떠들게 된다.
- 결국, 너만 지치고, 상대는 더 기세등등해진다.

❏ '들어줬다'는 프레임이 만들어짐
- 시간이 길어질수록 "의사도 인정했잖아"라는 주장을 하게 됨
- 특히 녹취하고 있었으면 법적 리스크로 연결될 수 있음

❏ 협박성 발언을 방치하게 됨
- "내가 병원 다 터뜨린다", "SNS에 올릴 거야" 같은 말들을 그냥 흘리면 → 묵인 간주됨

❏ 다른 환자들 불안감 고조
- 고성·욕설·시간 지연 → 대기 중인 환자들이 이탈하거나 병원 이미지 급추락

라. 대화해야 할 경우의 최소한의 팁

원칙	설명
1. 짧고 단정적으로	"그 부분은 확인 후 말씀드리겠습니다."처럼 단정형 문장 사용. 길게 설명 금지
2. 팩트 외 금지	동정, 유감, 사과, 감정 표현은 절대 하지 말 것
3. 반복 금지	같은 말 반복 유도 시 "앞서 말씀드렸습니다"로 종료

실제로는 응급상황이 아니라면 말을 섞지 않는 게 정답이지만, 혹시 '대화가 필요해 보이는 초기 국면'이라면 위 도표처럼 대응하여야 한다.

❑ 예시 대화
- 환자: "나를 무시하는 거야? 이따위로 진료할 거면 내가 어떻게 해야 하는데?"
- 의사: "진료가 어렵습니다. 이 상황은 기록하겠습니다."
- 환자: "돈만 밝히는 병원 아니야? 나, 이거 기사 올린다."
- 의사: "진료 방해와 협박 발언이 계속되면 경찰을 부르겠습니다."

❑ 상황 종료용 멘트 예시
- "도와드리고 싶지만, 저희 의원에서는 어렵습니다."
- "죄송하지만 그 분야는 제가 잘 알지 못합니다."

불필요한 설명, 감정, 반복 없이 시스템처럼 대응하라는 얘기다.

TIPS 저자의 조언

분쟁 상황 초기에 많은 의사가 무의식적으로 입 밖에 내는 말이 있다. "죄송합니다." 이 말은 그 순간을 무난히 넘기기 위한 습관이자, 진료실 안의 갈등을 줄이기 위한 인간적인 반응일 수 있다. 하지만 이런 습관적인 **사과 한마디가 향후 법적 상황에서 치명적인 약점**이 될 수 있다는 점을 반드시 기억해야 한다.

민사나 형사 소송에서 중요한 것은 '사실' 못지않게 '기록'이다. 특히 진료 중 환자가 녹음하고 있었거나, 사후에 민원·고소를 진행하는 경우 의사의 말 한마디 한마디가 해석의 근거가 된다. 환자가 악의적으로 진료 과실이나 진료 태도 문제를 주장하며, "의사가 사과했다. 잘못을 인정했다"라고 주장하면 상황은 복잡해진다. 심지어 "죄송합니다"라는 한 마디가 '의료 과실의 자인(自認)'으로 간주할 수 있는 예도 있다.

사과는 감정이 아닌, 책임으로 읽힌다. 의사는 환자보다 '전문가'로서의 지위를 가진다. 따라서 **사과는 단순한 예의 표현이 아니라, 법적 책임**

을 암시하는 표현으로 받아들여질 수 있다. 이는 특히 의료사고나 진료 거부, 설명의무 불이행 등을 문제 삼는 상황에서 크게 작용한다.

마. 이런 행동은 전부 형사처벌 대상이다

범죄명	설명
업무방해죄	고성, 욕설, 난동으로 병원 진료를 불가능하게 만들면 바로 성립
업무방해 손해배상	위 행위로 인해 진료 중단, 수익 손상이 생기면 민사소송 가능
주거침입죄	병원은 치료 목적 외 출입 허용, 난동·소란은 추가 침입
퇴거불응죄	퇴실 요구에도 버티면 성립, 설득 중이라도 해당됨
모욕죄 / 명예훼손죄	환자·보호자가 병원 종사자를 비하하거나 허위주장 시 성립
기물손괴죄	의자, 컵, 기계 파손 등이 해당
폭행죄 / 상해죄	밀쳤다, 침 뱉었다 등 접촉 있어도 폭력은 성립
협박죄	"죽이겠다", "불 질러버린다" 등 위협 발언

이들의 행동은 단순한 민원이 아니라 명백한 형사 범죄다. 진료실 안에서 단순한 말다툼 수준을 넘는 사건이 발생했을 경우, 의사는 단순히 참거나 피해 다닐 이유가 없다.

환자가 저지른 행위가 명백하게 형법상 범죄에 해당한다면, 즉시 경찰을 호출하고 현행범으로 처벌을 요구할 수 있다. 예를 들어 진료 중 욕설을 반복하거나 큰 소리로 고함을 치며 의료진의 판단을 방해하는 행동은 업무방해죄에 해당한다. 이 죄는 단순히 분위기를 흐리는 차원이 아니라, 의료기관의 본질적 업무인 진료행위를 방해하는 것이므로 형사처벌이 가능하다. 또한, 이후 민사적으로는 업무방해로 인한 손해배상 청구도 가능하다.

환자의 난동 때문에 다른 환자 진료가 지연되었거나 병원 이미지에 타격을 입었다면, 그 피해를 금전적으로 청구할 수 있다. 정상적인 진료 목적이 아니라 고의로 진료실에 들어와 소란을 피우거나, 의사가 퇴실을 요구했음에도 버티고 나가지 않는 경우는 주거침입죄 및 퇴거불응죄가 성립된다.

의료기관도 '거주하는 공간'의 개념에 포함되며, 병원 내에서 일방적이고 비정상적인 목적을 갖고 점유하는 행위는 범죄다. 즉, 진료 목적 없이 병원을 점거하고 있는 행동 자체가 처벌 대상이라는 것이다.

욕설, 비하, 조롱과 같은 발언을 의료진 앞에서 반복하면 모욕죄 또는 명예훼손죄로 신고할 수 있다. 특히 주변 환자들이 있는 상황에서 의사에 대해 "돈만 밝히는 인간" 등의 표현을 사용하면 단순한 감정 표현을 넘어 공연히 타인의 명예를 훼손하는 범죄가 성립된다.

또, 환자가 진료실의 책상이나 의자를 발로 차거나, 문을 세게 닫아 손잡이를 망가뜨리는 등의 행동은 기물손괴죄에 해당한다. 파손된 물건의 금액과 관계없이 '의도적 손괴'가 확인되면 즉시 형사 고소가 가능하다.

의료진을 향해 팔을 휘두르거나, 손을 뻗거나, 물건을 던지는 행위는 폭행죄 또는 상해죄로 간주될 수 있다. 물리적으로 직접 닿지 않더라도 위협적인 행동이나 동작이 있었고, 그것이 의료진의 신체에 대한 위해 의도가 있었다면 폭행이다. 상해의 결과가 남으면 상해죄로 처벌되며, 의료인은 반드시 진단서를 확보해 둬야 한다.

"죽여버리겠다", "SNS에 올려서 병원 망하게 하겠다" 등 반복적인 위협 발언은 협박죄로 처벌할 수 있다. 협박죄는 단지 위협을 받았다는 기분만으로 성립되지 않고, 현실적으로 상대에게 공포심을 유발했는지가 핵심이다. 따라서 발언 당시의 녹음이나 주변 증언, CCTV 등 증거 확보가 중요하다.

중요한 점은, 이런 범죄들은 단순한 언쟁이나 오해의 소지가 있는 '민사 분쟁'과는 차원이 다르다는 것이다. 명백한 형법 위반이므로, 경찰은 '사건 종결'이 아니라 '수사 개시' 의무를 진다. 그러나 현실에서 경찰이 "그냥 말로 푸세요"라며 돌아가려 할 경우,

의사는 단호하게 말해야 한다.

"저는 지금 이 환자를 ○○죄의 현행범으로 고소합니다. 현행범 체포를 요청드립니다."

경찰이 여전히 소극적이라면, "정당한 현행범 체포 요청을 거부하면 직무유기로 청문감사관실이나 국민신문고에 민원 넣고 법적 조처를 하겠습니다."라고 명확히 알려야 한다.

무지한 선의보다, 냉정한 대응이 진료실의 질서를 지켜낸다.

바. 실전 대응 절차: 5단계로 끝낸다

- ❏ 증거 확보
  - 무조건 영상/녹음/사진 확보. CCTV 없으면 휴대폰 활용.
  - 보호자나 간호사 등 제3자 증언자 확보
- ❏ 112 신고
  - "의료진 폭행 및 진료방해로 인해 현행범 체포 요청합니다"
  - 경찰 출동 후, 범죄 명시하여 고소 의사 밝히기
  - 업무방해죄
  - 주거침입죄
  - 폭행죄 등 해당되는 사항 말하기

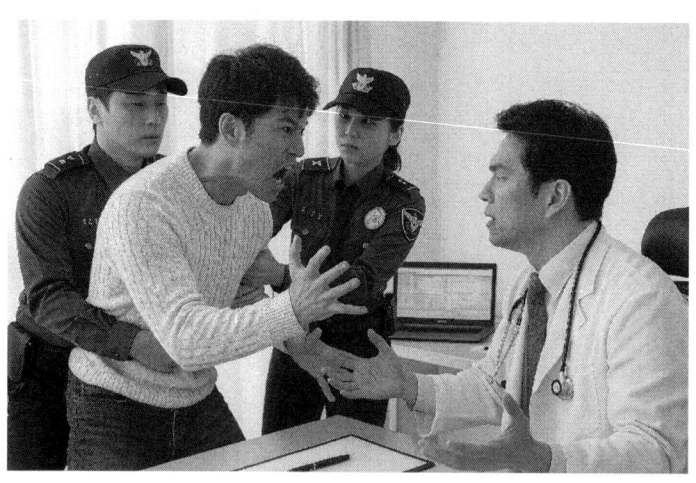

- ❏ 경찰이 미적댈 때

- "직무유기시 청문감사관실과 국민신문고에 민원 제기 및 소송하겠다"고 통보
- 경찰은 현행범 처리 안 하면 법적 책임 생긴다.

❑ 고소 및 민사소송 병행
- 형사고소: 업무방해, 폭행, 명예훼손 등
- 민사소송: 진료중단, 감정적 피해에 대한 손해배상 청구
- 채무부존재 확인 소송: 향후 진료비 요구 대비

❑ 반복 시 상습범으로 구속까지 가능
- 한번 체포됐다가 풀려난 환자라도 재내원 시 바로 재신고
- 1회라도 난동을 부린 환자는 진료거부 가능
- 계속 반복되면 상습적 업무방해, 폭력 혐의로 구속영장 청구 가능

사. 경찰 출동 시 정확히 이렇게 말해라

"이 사람은 업무방해, 주거침입, 퇴거불응, 폭행, 명예훼손의 혐의가 있습니다."

"현행범 체포 요청합니다. 고소 의사 명확합니다."

"직무유기 시 민원 및 소송 진행할 겁니다."

아. 병원 차원의 예방조치

조치	설명
CCTV 촬영 설치	진료실, 대기실, 로비 모두, 설치 문구도 부착
의료진 녹음기 상시 휴대	급박한 상황 시 증거 확보 가능
진료 전 동의서 + 책임한계 고지 강화	민사소송 예방
응급 비상벨 설치	긴급 시 호출 또는 보안요원 대응
상담/진료 중 환자 상태 이상 시 간호사 동반	폭력자 진료 억제

자. 이런 강경 대응이 필요한 이유

당신이 참으면 환자만 기세등등하고, 의료인은 무너진다.

진료실은 서비스 현장이 아니다. 정신병자 같은 환자는 '환자'가 아닌 '범죄자'다. 강경 대응을 통해 다른 환자 보호, 병원 시스템 보호, 동료 의료진 보호가 가능하다.

차. 진료실 내 CCTV 설치 및 녹화

❏ 설치 및 녹화 요건
- 환자와 보호자의 사전 동의 필수: 진료실은 비공개 공간으로 분류되므로, CCTV를 설치하고 녹화하기 위해서는 해당 공간에 출입하는 모든 사람의 명시적인 동의를 받아야 한다. 단순히 안내문을 부착하는 것만으로는 충분하지 않다.
- 녹음은 금지: 진료실 내 CCTV를 통해 영상은 녹화할 수 있으나,

음성 녹음은 허용되지 않는다.

❏ 위반 시 법적 책임
- 개인정보보호법 제25조(영상정보처리기기의 설치·운영 제한): 공공장소가 아닌 사적 공간에 CCTV를 설치하여 개인의 사생활을 침해할 경우, 법적 제재를 받을 수 있다.
- 형사처벌 가능성: 사전 동의 없이 진료실에 CCTV를 설치하거나 녹화할 경우, 개인정보보호법 위반으로 5년 이하의 징역 또는 5천만 원 이하의 벌금에 처해질 수 있다.

카. 진료 중 녹음 행위

❏ 합법적인 녹음
- 당사자 간 녹음: 의사나 환자 중 한 명이 대화에 참여하면서 녹음하는 것은 법적으로 허용된다.

❏ 불법적인 녹음
- 제3자의 무단 녹음: 대화에 참여하지 않은 제3자가 동의 없이 대화를 녹음하는 것은 통신비밀보호법 제3조에 위반되며, 10년 이하의 징역 또는 5천만 원 이하의 벌금에 처해질 수 있다.

> **TIPS** 저자의 조언
>
> 진료실에서 모든 환자에게 CCTV 촬영 및 녹음 동의서를 받는 건 현실적으로 어렵다. 하지만 의료분쟁이나 환자의 난동, 폭언, 폭행 같은 돌

발상황이 발생했을 때, CCTV 영상이나 녹음 파일이 있는 것과 없는 것의 차이는 엄청나다.

결국, 문제는 이렇게 정리된다. **'동의 없이 CCTV를 녹화했을 때 받을 수 있는 처벌'과 '증거 없이 무방비로 당했을 때 생기는 불이익'** 중 어떤 게 더 감당할 만한가의 문제다.

나 개인적으로는 후자가 훨씬 더 위험하다고 본다. 실제로 얼마 전, 어떤 환자가 자신이 원하는 방식으로 치료해주지 않는다는 이유로 보건소에 '진료거부' 민원을 넣은 일이 있었다. 다행히 직원이 본인의 휴대폰으로 녹음해둔 파일이 있었고, 그 안에는 환자가 진료실에서 의사에게 욕설을 퍼부은 정황이 고스란히 담겨 있었다. 그 덕분에 명백히 '진료거부의 정당한 사유'로 인정받을 수 있었다.

물론, 의사의 치료 방침을 무시하고 환자 본인이 원하는 치료만 고집하는 것 자체도 진료 거부의 정당한 사유가 될 수 있다. 하지만 그런 경우는 의료적인 판단, 정황, 경과 등을 상세히 따져야 하므로 복잡해진다. 반면, 욕설이나 폭언, 위협 같은 정황은 녹음이나 영상 하나만 있으면 충분하다. **증거가 명확하면 설명이 필요 없다.**

결론은 간단하다. 기록은 나를 지켜주는 가장 확실한 방패다. 설령 나중에 CCTV 동의 절차 미비로 지적을 받는 일이 생긴다 해도, 환자와의 분쟁에서 맥없이 당하고 있는 것보다 낫다고 생각한다.

무엇보다 진료실은 내 책임하에 움직이는 공간이고, 그 안에서 벌어지는 모든 문제에 대한 책임도 내가 져야 한다면, 내 방식대로 방어할 수 단도 확보되어 있어야 한다.

타. 결론

진료실에 들어와 욕하고 난동 부리는 자는 환자가 아니다. 당신의 병원을 망가뜨리러 온 침입자다. 의사가 선처하고 인내하는 시대는 끝났다. 이제는 법적 무기를 쥐고, 정당방위의 칼을 빼들 때다. 당신이 참는 만큼, 의료는 더 피폐해지고, 후배들의 진료환경은 더 망가진다.

제대로 응징해야 비로소 다시 진료가 시작된다.

13

진료거부하는 방법

진료를 거부하는 방법

진료거부는 원칙적으로 금지되지만, 의료법 제15조 제1항 단서조항과 보건복지부 유권해석에 따르면 일정한 사유가 있으면 정당한 진료거부가 가능하다. 아래는 대표적인 정당한 진료거부 사유 예시다.

가. 환자가 의료인이나 타인에게 폭언·폭행·위협하는 경우

- 욕설, 고성, 협박, 물리적 폭력 등
- 진료실 기물 파손 또는 위협적 태도
- 지속적 민원, 전화폭탄 등으로 업무방해
- **법적 근거: 업무방해, 협박, 상해, 모욕 등 형법상 범죄**

나. 의료행위를 정상적으로 진행할 수 없는 정신적·행동적 상태

- 대화할 수 없는 수준의 정신질환, 알코올 중독, 마약 복용 상태
- 자·타해 위험이 있는 상태
- 망상, 환청 등으로 진료 거부 또는 비협조적 태도 반복
- **의사의 판단으로 진료의 실효성이 없거나 위험하다고 여겨질 때 가능**

다. 의학적 치료가 불가능하거나 더 이상 제공할 수 없는 경우

- 동일 내용의 과도한 반복진료 요구
- 효과 없음에도 불구하고 특정 치료만 강요
- 의료적 권고를 반복적으로 거부하거나 왜곡
- **진료 목적의 왜곡 또는 남용에 해당**

라. 의료기관 특성상 진료가 불가능한 경우

- 설비나 전문 인력이 부족하여 해당 치료가 불가능
- 특정 시간 외 진료가 어려운 상황 (예: 야간 응급 외래 종료 후)
- **환자의 생명이 위급하지 않다면, 진료 가능 기관으로 안내하면 정당**

마. 의료진 보호를 위한 진료 중단 필요할 때

- 의료진이 심리적으로 위협을 느낄 정도의 지속적 접촉 요청, 스토킹, 성희롱 등 진료실에 반복적으로 찾아와 진료 외 행동을 지속적으로 요구하는 경우
- **의료진의 안전 확보 및 병원 질서 유지 목적**

이 외에도 진료거부의 정당한 사유 예시는 아래와 같다.

진료거부의 정당한 사유 예시

- 의사가 부재중이거나 신병으로 인하여 진료를 행할 수 없는 상황인 경우
- 병상, 의료인력, 의약품, 치료재료 등 시설 및 인력 등이 부족하여 새로운 환자를 받아들일 수 없는 경우
- 의원 또는 외래진료실에서 예약환자 진료 일정 때문에 당일 방문 환자에게 타 의료기관 이용을 권유할 수밖에 없는 경우
- 의사가 타 전문과목 영역 또는 고난이도의 진료를 수행할 전문지식 또는 경험이 부족한 경우
- 타 의료인이 환자에게 기 시행한 치료(투약, 시술, 수술 등) 사항을 명확히 알 수 없는 등 의학적 특수성 등으로 인하여 새로운 치료가 어려운 경우
- 환자가 의료인의 치료방침에 따를 수 없음을 천명하여 특정 치료의 수행이 불가하거나, 환자가 의료인으로서의 양심과 전문지식에 반하는 치료방법을 의료인에게 요구하는 경우
- 환자 또는 보호자 등이 해당 의료인에 대하여 모욕죄, 명예훼손죄, 폭행죄, 업무방해죄에 해당될 수 있는 상황을 형성하여 의료인이 정상적인 의료행위를 행할 수 없도록 한 경우
- 과거의 모욕죄, 명예훼손죄, 폭행죄, 업무방해죄 등으로 인해 의료인의 판단 하에 위해가 생길 우려가 있다고 보는 경우로서, 당장 진료하지 않더라도 환자에게 중대한 위해가 발생하지 않는다는 전제하에 다른 의료기관을 안내하는 경우
- 더 이상의 입원치료가 불필요함 또는 대학병원급 의료기관에서의 입원치료는 필요치 아니함을 의학적으로 명백히 판단할 수 있는 상황에서, 환자에게 가정요양 또는 요양병원, 의원급 의료기관, 요양시설 등의 이용을 충분한 설명과 함께 권유하고 퇴원을 지시하는 경우

바. 정당한 거부를 위한 3단계 절차

❏ 의학적·행동적 사유 명확하게 기록
  - 전자차트에 객관적 언행·상황 기재 (욕설, 위협, 진료 거부 등)
❏ 증거 확보
  - CCTV, 녹취, 목격자 진술 등 보존
  - 서면 진술 또는 진료기록지 포함
❏ 진료거부 통보 + 진료 가능한 병원 안내
  - "○○한 사유로 진료할 수 없습니다. △△병원 방문 바랍니다."
  - 복지부 해석상, 대체기관 안내는 진료거부의 정당성을 높이는 요소

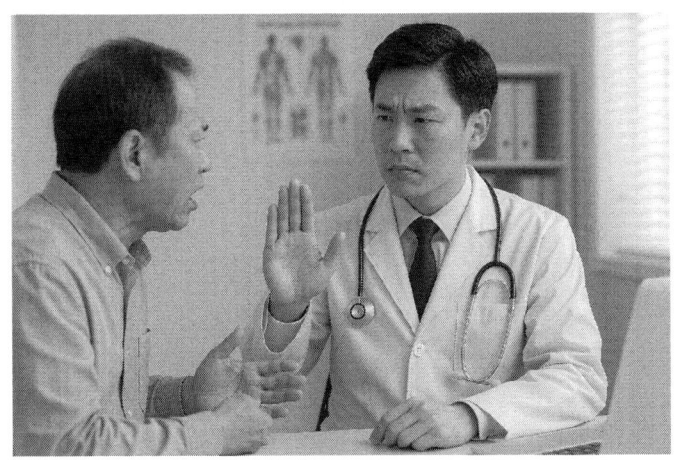

TIPS 저자의 조언

진료를 거부해야 할 상황이 발생했을 때, 추후 문제가 되지 않도록 하기 위해서는 몇 가지 절차를 명확히 밟는 것이 중요하다. 단순히 "진료 못 하겠습니다"라고 말하고 끝내면, 이후 환자가 민원을 제기하거나 법적 문제로 이어질 소지가 있다.

가장 먼저 해야 할 일은 **진료 거부의 이유를 분명하고 구체적으로 환자에게 설명**하는 것이다. 단순한 감정이나 주관적 판단이 아닌, 의학적·행동학적 또는 진료 환경상의 명확한 사유를 근거로 해야 한다.

예를 들어 "의료진의 설명을 반복적으로 무시하며 폭언을 하셨기 때문에 진료가 어렵습니다"처럼 구체적으로 말해야 한다. 이 설명 과정은 반드시 녹음으로 기록해 두는 것이 좋다. 환자의 동의가 없어도 정당방위 차원의 증거 확보로 인정될 여지가 충분하다.

실무적으로는 진료거부의 정당성을 더욱 높이기 위해, 다른 병원으로의 진료 연계를 시도하는 것이 바람직하다. 즉, **환자에게 진료의뢰서를 발급**해 "다른 병원에서 진료받으실 수 있습니다"라고 안내하면 된다. 이 행위 자체가 '진료를 포기한 것이 아니라, 적절한 진료를 위한 조처를 한 것'으로 해석될 수 있다.

가끔 환자가 흥분한 상태에서 "필요 없다"며 의뢰서를 거부하고 그냥 나가버리는 때도 있는데, 이럴 때는 당황하지 말고 **의뢰서를 출력만 해두면 된다**. 의무기록에 출력된 내역이 남고, 환자가 의뢰서를 거부하는 장면이 CCTV에 남아 있다면 그 자체로 증거가 될 수 있다. 의사의 진료거부가 자의적인 것이 아니라, 의료의 안전성과 정당성을 지키기 위한 결정이었다는 점을 보여주는 것이다.

결론은 명확하다. 말로 하지 말고, 기록으로 남겨라. 진료를 끊어야 할 땐 끊되, 끊는 이유와 방식은 차갑고 깔끔하게 남겨야 한다.

즉, 진료거부가 추후 문제가 되지 않게 하려면 **사유 설명 + 녹음 + 의뢰서 발급** 이 세 가지를 꼭 지켜야 한다.

14

합의 실패 후 의료분쟁 대처법

합의 실패 후 의료분쟁 대처법

간혹 오해나 감정 문제로 인해 분쟁이 시작되기도 하지만, 실제로는 치료 과정에서 발생한 부작용이나 예기치 못한 결과 때문에 문제가 불거지는 경우가 많다. 병원으로서 명백한 과실이 없더라도, 환자는 자신의 피해를 보상받고자 하고, 병원은 이미지와 법적 책임을 줄이려 하면서 갈등이 시작된다. 이런 상황에서 합의가 원만하게 이뤄지면 다행이지만, 그렇지 않다면 이후 절차가 어떻게 흘러가는지 미리 알고 있어야 대응이 수월하다.

의료사고가 발생한 후 합의에 실패하고, 결국 의료배상책임보험을 이용하게 되는 경우, 절차와 이후 시나리오는 다음과 같다. 이건 단순 보험이 아니라 법률적 분쟁 해결 구조이므로, 절차를 정확히 숙지하고 움직여야 한다.

가. 의료배상책임보험 이용 절차

의료인이 가입한 보험은 대부분 아래 중 하나다:
  (1) 민간 보험사 의료배상책임보험
  (2) 의료배상공제조합(의협/치협 등 운영)

❑ 사고 접수
- 환자 또는 보호자가 손해배상을 요구하거나 불만 제기
- 의료인은 사건 발생 후 즉시 의료배상보험사 또는 공제조합에 접수
→ 중요한 건 진료기록, 설명서, 동의서, CCTV 등 모든 자료 확보
→ 기록 조작은 절대 금지. 향후 형사처벌 + 보험 미보상 가능성

❑ 보험사의 초기 대응
- 보험사는 접수된 사건에 대해 사실관계 조사 착수 및 진료기록 검토, 의료인 소명, 환자 측 주장 확인
- 필요하면 의학자문 의뢰 (외부 전문의, 심사기관 등)

❑ 보험사의 손해사정
- 보험사는 법적 책임(과실 유무) 여부와 보상 가능성을 판단
  과실 있음 → 일부 또는 전체 손해액 산정
  과실 없음 → 환자 측에 '보상 불가' 통보

❑ 중재안 제시
- 과실이 일부 인정되는 경우, 보험사는 환자에게 중재안 제시
- 합리적 손해액 + 위자료 포함
- 진료비 환급, 치료비, 위자료, 향후 치료비 등

나. 환자가 중재안을 거부할 경우

❑ 민사소송으로 전환
- 환자가 보험사의 중재안을 거부하면, 민사소송 또는 한국의료분

쟁조정중재원에 조정 신청 가능
- 의료인은 피고가 되며, 보험사가 법률대리인 선임 후 소송 대응
❑ 보험사의 역할
- 보험은 의료인을 대신해 변호사 선임
- 소장 대응, 증거제출, 서면작성, 출석 등 소송 절차 대행
- 판결이 나면, 과실 인정된 범위 내에서 보상금 지급
- 보험한도 초과분은 의료인이 부담
※ 의료인의 고의·중과실로 인정될 경우 보험 보상 제외될 수 있음

다. 조정 절차 (의료분쟁조정중재원으로 넘어간 경우)

❑ 환자가 조정 신청 → 피신청인으로 지정됨
- 중재원은 의료기관/의료인에게 의견서 및 자료 요구
- 필요하면 감정의뢰, 외부 자문
- 중재안 제시 (법적 효력 있음)
❑ 수락 여부
- 양 당사자 모두 수락 → 조정 성립 → 법원 판결과 동일 강제력
- 의료인 또는 환자 중 누구든 거부 → 자동 불성립 → 민사소송으로 전환

라. 의료인이 반드시 알아야 할 핵심 포인트

항목	설명
의료배상보험은 무조건 면책이 아님	기록 불충분, 허위 기재, 동의서 미작성 등은 보험사 면책 사유
보험한도 체크 필수	보통 1사고 당 1~2억 한도, 초과 시 본인 부담
자기부담금 존재 가능성	일부 보험은 자기부담금 제도 운용
형사 사건 병행 가능성 있음	환자가 형사 고소하면 별도로 대응 필요
고의·중대한 과실 시 보상 제외	예: 전혀 다른 부위 시술, 마취 후 방치 등 중대과실이 있는 경우

마. 결론 — 중재안 거부 이후 흐름 요약

> 의료사고 발생 → 합의 실패 → 보험사 중재안 제시 → 환자 거부 → 민사소송/조정 절차 진행 → 법원 판단에 따라 보험사 보상 + 본인부담금 발생 가능

이후 재소송 방지를 위해 반드시:

가) 진료기록 철저히 남겨라.

나) 환자 설명은 문서로 남겨라.

다) CCTV는 너의 가장 값싼 변호사다.

당신이 진료한 환자라도, 고소하고 돈 뜯으려 들면 더는 환자가 아닙니다. 그건 분쟁 상대고, 법적 방어가 시작돼야 하는 시점이다.

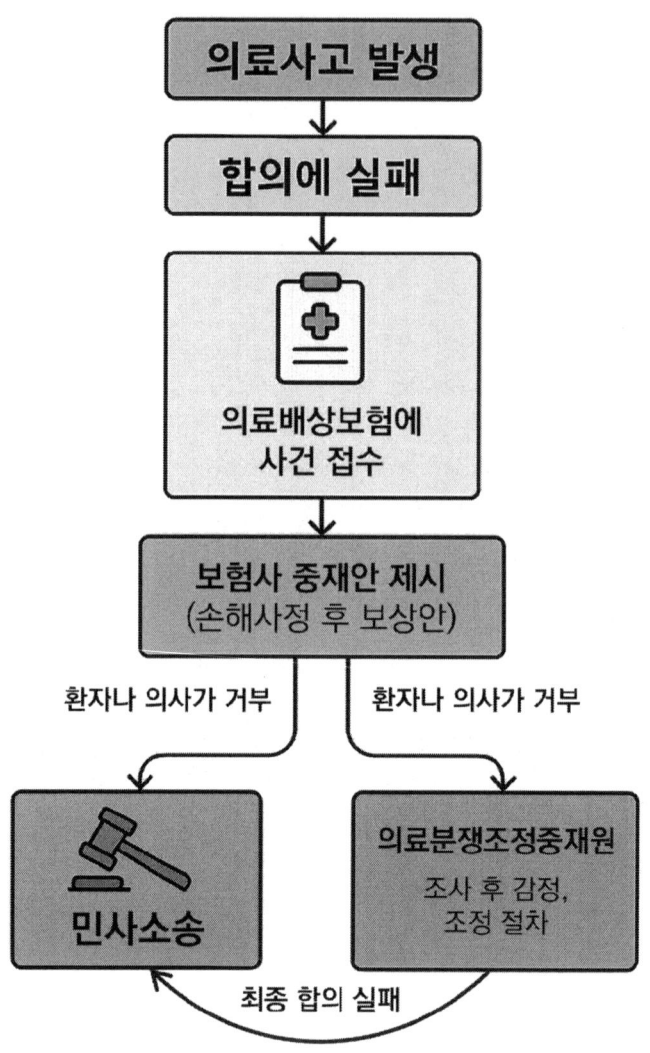

인터넷 악플 대응 매뉴얼

15

인터넷 악플 대응 매뉴얼
네이버 플레이스, 구글맵, 맘카페, 블로그 등

인터넷 악플은 이제 단순한 언어폭력이 아니다. 의료현장에서 환자를 진료하는 의사에게, 악플은 또 다른 형태의 진료 리스크이자 정체성에 대한 공격으로 다가온다. 과거에는 의료사고나 명백한 실수가 있어야 비난이 따랐지만, 오늘날의 의료현장은 그렇지 않다. 환자가 단지 기분이 나빴다는 이유만으로도 포털 리뷰, 맘카페, SNS에 병원의 이름과 의사의 태도가 공개되고, 악의적으로 소비된다.

진료는 진료실 안에서만 끝나지 않는다. 환자의 스마트폰은 곧 '진료의 연장선'이며, 거기에는 의사의 말투, 표정, 심지어 잠깐의 침묵조차 고스란히 해석되고 재가공되어 올라간다. 문제는 그 해석이 언제나 객관적이지 않다는 점이다. 환자의 심리 상태나 기대치, 또는 과거 경험에 따라 동일한 장면이 전혀 다르게 왜곡된다. 친절하게 설명했지만 "무시당했다"고 느끼는 환자, 단지 고개를 숙이고 컴퓨터를 보았을 뿐인데 "눈도 안 마주치고 기계처럼 말하더라"고 말하는 후기들이 대표적이다.

이러한 감정 기반의 평가들은 의사의 전문성을 깎아내리는 데 그치지 않는다. 댓글 몇 줄이 의사의 명예를 훼손하고, 병원의 브랜드를 타격하며, 장기적으로는 환자 수 감소와 매출 하락으로 이어질 수 있다. 무엇보다도 문제는 의사 본인의 내면이다. 마음을 다했는데도 불구하고 악의적인 댓글이 반복되면, "내가 그렇게 나쁜 사람이었나"라는 자책이 시작되고, 결국에는 무력감과 탈진으로 이어진다. 이는 단순한 스트레스를 넘어서, 직업적 정체성 자체를 흔드는 수준의 정서적 소모다.

이런 시대에 의사는 이제는 지식만으로 환자를 설득할 수 없다. 진료실 안에서의 대화, 표정, 손동작, 리듬감 있는 말투, 작은 끄덕임까지도 환자의 감정 곡선에 맞게 조율되어야 한다. 말이 아니라 분위기가 환자를 설득하고, 치료보다 인상이 먼저 남는다. 결국, 인터넷 악플을 피하기 위한 가장 강력한 무기는 기술이 아니라 '연출'이다. 환자와의 관계를 감정적으로 대응하기보다, 전략적으로 설계할 필요가 있는 것이다.

또한, 악플에 대한 사후 대응도 중요하다. 진료 중 불만의 징후가 감지되는 환자는 그 자리에서 충분한 설명과 감정적 환기를 시도해야 하며, 리뷰나 커뮤니티 등에서 발생한 허위사실에는 단호히 대응할 수 있는 법적 체계도 갖춰야 한다. 의사의 온라인 정체성 역시 진료의 일부로 간주하여야 하며, 후기 모니터링, 정보의 사전 공개, 소통 채널의 운영 등도 고려할 수 있다.

결국, 악플은 피할 수 없는 시대의 현상이다. 그것을 단순히 억울함으로 받아들일 것이 아니라, 또 하나의 진단 대상이자 관리해야 할 리스크로 바라볼 필요가 있다. 진료의 결과뿐만 아니라, 그 과정 전체가 평가되는 시대. 의사는 환자의 질병만이 아니라 감정도 함께 치료해야 하는 존재가 되었다.

네이버 플레이스, 구글 맵, 맘카페, 블로그 등에서 작성되는 악의적 후기, 거짓 리뷰, 모욕적 글은 환자보다 더 무섭고 병원 경영을 직접 파괴하는 무기가 된다.

이 장에서는 인터넷상 악성 리뷰/허위사실/비방글에 대한 법적·기술적·현실적 대응방법을 모두 다룬다.

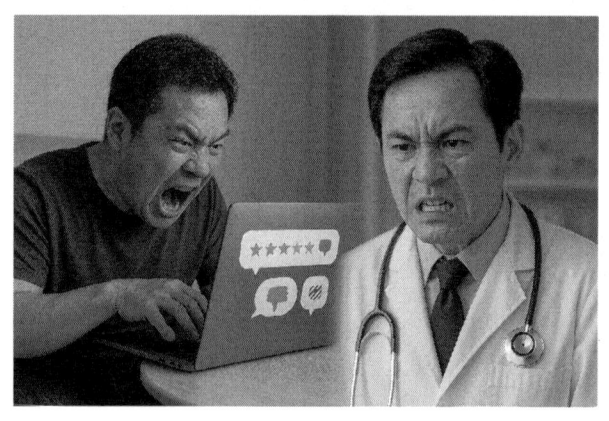

✔ 핵심 원칙

무시하면 병원은 죽고, 대응하면 리뷰는 꺾인다.
대응은 감정이 아니라 전략이다.

가. 악플 유형 분류

유형	대표 예시
허위사실 유포형	"진료도 안 하고 돈만 받음", "없는 병명 지어냄", "엑스레이도 안 찍고 시술"
비방·모욕형	"의사 XX 같다", "돈독 오른 XX", "간호사 싸가지 없음"
불법적 명예훼손형	"사기 병원입니다", "주사 맞고 장애 생김", "대충 보고 도수치료 강매함"
거짓 환자 리뷰	환자가 아닌 사람이 작성한 허위 후기
조직적 악플 (경쟁병원, 브로커)	갑자기 터지는 동일 패턴 리뷰, 동일 시점 접속 IP

나. 네이버 플레이스 악성리뷰 및 악플 삭제 절차

진료 후 남겨진 악성 리뷰나 악의적인 댓글은 단순한 불쾌감을 넘어, 병원의 명성과 신뢰도에 심각한 타격을 줄 수 있다. 특히 네이버 플레이스에 노출된 별점과 후기는 대다수 환자가 병원을 선택할 때 참고하는 중요한 기준이 되므로, 허위사실이나 왜곡된 리뷰에 대해서는 반드시 대응이 필요하다.

❏ 게시중단 요청: 네이버 내부 절차
- 악성리뷰나 악플을 발견한 경우, 가장 먼저 해야 할 일은 네이버 게시중단 요청 페이지를 통해 해당 게시물에 대한 삭제 요청을 접수하는 것이다. 요청 절차는 다음과 같은 단계로 진행된다.

- **1단계: 요청 유형 선택** 게시중단 사유 중 '명예훼손'을 선택한다. 이는 병원 또는 의사의 평판을 실추시키는 허위 게시글이나 과도한 비방에 해당한다.
- **2단계: 권리침해 당사자 선택** 리뷰의 피해자가 개인(의사)인지, 단체(병원)인지에 따라 선택 항목이 달라진다.
- **3단계: 본인 인증 및 서류 제출** 신청인은 휴대폰 인증이나 아이핀을 통해 본인 확인을 하고, 필요한 경우 신분증 사본 및 위임장을 제출한다. 단체일 경우에는 사업자등록증이 추가로 필요하며, 대리인 접수 시 위임장과 함께 단체 직인이 포함되어야 한다.
- **4단계: 게시물 URL 등록 및 소명** 삭제를 원하는 리뷰나 댓글의 정확한 URL을 입력하고, 해당 글이 왜 명예훼손에 해당하는지, 구체적인 사유와 소명을 상세히 작성해야 한다. 단순히 "기분이 나쁘다"는 식의 표현보다는, 허위사실임을 입증할 수 있는 증거와 함께 작성하는 것이 중요하다.
- **5단계: 접수 및 임시조치** 게시중단 요청이 정상적으로 접수되면, 네이버는 해당 글을 30일간 임시로 게시중단하고 작성자에게 통보한다. 이때 글은 일시적으로 비공개되며, 작성자가 이의신청하지 않으면 30일 이후 자동 삭제된다.

❏ 게시자의 이의신청이 있을 때
- 악성리뷰 작성자가 30일 이내에 이의신청하면, 해당 글은 임시조치 기간이 끝난 후 다시 복구될 수 있다. 이 경우 더 네이버 내

부 절차로는 삭제 요청이 불가능하며, 방송통신심의위원회(방통위)에 심의를 신청해야 한다. 방통위의 심의 결과에 따라 해당 게시물이 삭제될 수 있으며, 복원 이후에는 같은 글에 대해 반복해서 게시중단 요청을 할 수 없다. 따라서, 첫 요청부터 정확하고 구체적인 소명과 증거를 갖추는 것이 매우 중요하다.

❏ 방통위 심의 신청: 법적 삭제를 위한 절차
- 게시자가 이의신청했거나, 네이버 내부 조치로 삭제가 되지 않았으면 방송통신심의위원회 인터넷심의 신청 절차로 넘어가야 한다. 다음과 같은 내용을 준비해야 한다.
  1) 심의 대상 게시물의 URL 및 구체적 위치
  2) 권리침해 사실을 입증할 수 있는 자료 (진료 차트, CCTV, 녹취록, 의사의 공식 설명 등)
- 이 자료들을 준비하여 방통위 홈페이지에서 온라인으로 접수하거나, 우편·방문 제출도 가능하다. 심의 절차는 다음과 같다.
  1) 신청자 정보 입력 및 본인 확인
  2) 피신청인 정보 입력 (작성자 닉네임, 이메일 등 가능한 범위 내에서)
  3) 해당 게시글 첨부 및 명예훼손 내용 서술
  4) 접수 후 심의 결과에 따라 삭제 여부 결정
- 심의 결과에 불복할 때는 이후 민사소송 등 법적 절차로 이어질 수 있으며, 이 과정에서는 변호인의 자문이 필요할 수도 있다.

❏ 결론
- 의료기관은 공공의 이익을 위한 공간이지만, 리뷰 시스템은 종종 악용될 수 있다. 악의적 댓글을 내버려 두면 병원의 이미지가 장기적으로 손상된다. 환자의 감정 표현도 존중되어야 하겠지만, 거짓에 가까운 표현이나 반복적인 비방은 명백히 의료진의 권리를 침해하는 행위다.
- 중요한 것은, 감정적으로 대응하는 것이 아니라 절차적으로 대응하는 것이다. 기록을 남기고, 정확하게 대응하며, 첫 대응부터 확실하게 처리해야 이후 문제가 커지는 것을 막을 수 있다. 가장 좋은 대응은 처음부터 정확하게, 법적으로, 기록을 바탕으로 접근하는 것이다.

다. 블라인드 안 될 경우: 형사고소 + 민사소송

❏ 형사 고소: 정보통신망법 위반(명예훼손/모욕)

적용 조항	설명
정보통신망법 제70조 제2항	거짓 사실로 명예훼손 → 7년 이하 징역 또는 5천만 원 이하 벌금
형법 제311조(모욕죄)	욕설, 조롱 등 → 1년 이하 징역 또는 200만 원 이하 벌금

- 고소 절차: 경찰서 사이버수사대 방문
  캡처 자료 + 사업자등록증 + 병원 정보 제출
- IP 추적 요청: 네이버, 구글 등으로부터 정보 수사 진행

※ 익명이라고 안 잡히는 게 아님. 포털은 수사요청 시 반드시 응해야 함

❏ 민사소송: 손해배상청구
- 소장 제출처: 관할 지방법원
- 청구 금액: 정신적 손해 + 병원 이미지 훼손 + 매출 감소 가능성까지 포함
- 승소 시 인정 가능 항목: 병원명과 의사 이름 명시된 리뷰
  '진실'이 아닌 '해석' 기반 비방
  비환자 작성 리뷰

라. 대응 댓글은 어떻게 써야 하나?

❏ 댓글의 기술

피해야 할 것	설명
감정 대응	"당신이 문제입니다", 당장 고소하겠습니다" → 역공격 당함
책임 인정	"그날은 제가 바빴어요. 실수였습니다." → 증거로 남음
설명 과잉	"해당 치료는 건강보험 적용이 안 됩니다. 당시 ○○했고"

❏ 정석 대응 문장
- 인터넷 악플을 대하는 가장 나쁜 방법은 공손하게 굽히고 내용으로는 쩔쩔매거나, 환자와 온라인 언쟁을 하는 것이다. 제대로 된 대응은 달라야 한다.

- 자세는 낮추되, 내용은 단호하게.
- 말투는 부드럽되, 메시지는 강력하게.

✔ 핵심 구조:
① 공손한 인사 + ② 공감 + ③ 반박 + ④ 팩트 명시 + ⑤ 법적 방어 암시

예시1 — "비싸다", "돈만 밝힌다"는 리뷰에 대한 대응

불편을 끼쳐 죄송합니다. 비용이 많이 든다고 느껴지셨다면 그 부분에 대해 유감스럽게 생각합니다. 다만 저희 의원은 과도한 의료비가 청구되지 않도록 보험 기준과 진료지침에 맞게 정확하게 청구하고 있으며, 동일 치료 항목 기준으로 지역 평균보다 낮은 수준임을 확인하였습니다. 모든 진료는 사전 설명 후 동의하에 진행되며, 불필요한 항목은 권유하지 않습니다. 사실과 다른 리뷰로 인해 발생하는 오해와 피해를 방지하기 위해, 허위사실 유포 및 명예훼손에 대해서는 필요한 조처를 하게 됨을 알려드립니다.

예시2 — "엉터리 진료", "설명도 없이 주사만 맞췄다"는 악플 대응

먼저 만족스러운 진료를 드리지 못해 유감스럽게 생각합니다. 다만, 해당 진료는 진단 및 증상 확인 후 주사 치료 필요성을 설명해 드린 뒤 환자분의 동의를 받고 진행한 것으로 기록되어 있습니다. 관련 기록

은 진료기록부에 명확히 남아 있으며, 설명의무 또한 이행되었음을 확인할 수 있습니다. 허위사실 유포 및 병원 평판을 훼손하는 게시물에 대해서는 의료법 및 정보통신망법상 책임을 물을 수 있음을 안내해 드립니다.

마. 작성 팁 요약

항목	포인트
말투	"죄송합니다", "유감입니다", "안타깝습니다"로 시작
내용	"하지만", "다만", "실제 확인 결과"로 전환
팩트	가격, 진료기록, 평균수준 등 객관적 수치 제시
경고	"허위사실 유포", "명예훼손", "법적 조치" 등 법률 용어 포함

✔ 주의할 것

설명 늘어놓지 마라 → "변명 중"으로 보인다.

감정 섞지 마라 → "열 받은 병원"처럼 보인다.

상대 비난 금지 → "너가 문제다" 느낌 주면 신고 역공격당함

바. 자주 묻는 현실적 질문

- 리뷰 삭제까지 얼마나 걸리나?

  네이버 기준 신고 접수 후 3~7일 내 1차 조치 (블라인드 처리)

- 고소하면 잡히긴 하나?

대부분 잡힘. 수사기관은 IP 요청 → 포털은 반드시 제공
　- 악성 리뷰 수가 많아지면 병원 망하나?
　　　대응 없을 시 실제 환자 수 30~40% 감소 사례 다수
　- 조작 리뷰(경쟁 병원 작성)도 대응 가능?
　　　가능. 형사 + 공정위 불공정경쟁행위로 이중 처벌 가능

사. 예방 수칙

　- 첫 페이지 후기 관리 철저 → 밀어내기 이용
　- 직원용 내부 대응 매뉴얼 구비
　- 전화 욕설, 리뷰 협박, 후기 올리겠다는 위협 등은 즉시 보고
　- 상시 녹취 및 증거 확보
　- 진료 불만 → 녹취 후 대응, 대비

아. 결론

　악플은 단순 불만이 아니다. 의료인의 생존을 위협하는 조직적 테러이자, 정밀한 이미지 암살이다.
　"가만히 있으면 가만히 죽는다."
　리뷰는 가만두면 진료가 무너지고, 적극적으로 대응하면 되레 무기가 된다. 당신의 침묵은 당신의 병원을 죽인다.
　조용히, 빠르게, 정밀하게 반격하라.

나가는 글

나가는 글 — 얼굴을 넘어서 마음까지 읽는 진료

진료란 결국 사람을 상대하는 일이다. 의학적 지식, 시술 능력, 논문 수치… 물론 중요하다. 하지만 진료실 문이 열리는 순간 시작되는 건 환자의 '질병 설명'이 아니라, '사람에 대한 심리전'이다.

이 책을 시작하며 우리는 '관상(觀相)'이라는 단어를 다시 정의했다. 그저 얼굴 생김새를 보고 길흉화복을 점치는 것이 아니라, 의사가 환자의 얼굴, 표정, 행동, 말투, 태도, 외모 등 온몸에서 뿜어져 나오는 심리적 신호들을 읽고 그에 맞는 진료 전략을 세우기 위한 실전 도구로 관상을 바라본 것이다.

즉, 관상은 이제는 눈썹과 이마의 각도를 재는 게 아니라 마주 앉은 사람의 심리 상태를 빠르게 읽어내고 분쟁을 피하며 결과를 만드는 실전의 무기다.

이 책은 몇 가지 명확한 메시지를 담고 있다.

첫째, 사람은 말을 하기 전에 이미 많은 것을 말하고 있다. 눈을 피하는 것, 과도한 미소, 손의 떨림, 표정의 어색함… 모든 것은 '무의식의 언어'다. 행동심리학은 그걸 해독할 열쇠다.

둘째, 친절한 의사가 좋은 의사는 아니다. 진짜 좋은 의사는 환자의 심리를 꿰뚫고, 불필요한 대화와 감정 소모 없이 진료를 이끌 수 있는 사람이다. 환자의 본심은 '말이 아니라 태도'에 숨어있다.

셋째, 의사는 환자의 의도를 경계해야 한다. 표면상 '치료받고 싶다'는 말 뒤엔 의사에게 책임을 전가하거나 보상을 기대하거나 심지어 의료진을 흔들어 보려는 기도가 숨어있다. 그건 관찰과 분석을 통해 알 수 있다.

넷째, 진료는 혼자 하는 것이 아니다. 진료실이라는 전장은 시스템과 전략으로 움직인다. 이 책에서 제시한 표정이나, 행동 유형별 분석, 외모에 숨겨진 속마음, 진상환자 대응법, 분쟁 상황에서의 대화 팁, 법적 대응 매뉴얼까지… 모두 전략의 일부분이다.

의사는 이제 '의료기술자'가 아니라 '리스크 관리자'가 되어야 한다. 이 책은 그런 리스크 속에서 살아남기 위한 매뉴얼이자, 사람을 상대로 진료하는 의사의 무기다. 설명 잘하는 의사가 아니라 '사람을 읽는 의사'만이 이 불확실한 시대의 진료실에서 살아남는다.

요즘 의사들이 진료실에서 느끼는 피로는 병 때문이 아니다. 사람 때문에 피로하다. 질문이 너무 많거나, 말을 믿지 않거나, 무리한 요구를 하거나, 욕을 하거나, 진료 자체를 방해하거나. 이런 환자들을 이겨내기 위해 과거에는 "참아라", "넘겨라", "의사가 그러면 안 된다"고 배

왔다. 하지만 이제는 아니다. 이제 의사도 싸워야 한다. 단지 감정으로 싸우는 것이 아니라, 지식으로 싸우고, 논리로 방어하고, 법으로 반격해야 한다.

마지막으로,
이 책은 단순한 처세술이나 심리학 해설서가 아니다.
이건 진료실에서 매일같이 싸우고 있는 당신을 위한 생존 매뉴얼이다.

> 당신이 심리적으로 무장하면, 환자는 당신을 조종하지 못한다.
> 당신이 법적 지식을 갖추면, 진상환자는 감히 넘보지 못한다.
> 당신이 환자를 읽을 수 있다면, 치료의 주도권은 항상 당신에게 있다.

이제 당신은 진료실에서 그저 환자의 말만 듣는 사람이 아니라, 환자의 얼굴을 읽고, 말 너머를 듣고, 숨은 심리를 조종하는 의사가 된 것이다. 의료는 기술의 문제이기도 하지만, 이제는 의사의 생존능력이 결정하는 전장이다.

그러니 다시 말한다.
살아남아라. 그리고 지배하라. 그게 진짜 의사다.

관상진료학

발 행 | 2025년 06월 16일
저 자 | 마창석
펴낸이 | 한건희
펴낸곳 | 주식회사 부크크
출판사등록 | 2014.07.15.(제2014-16호)
주 소 | 서울특별시 금천구 가산디지털1로 119 SK트윈타워 A동 305호
전 화 | 1670-8316
이메일 | info@bookk.co.kr

ISBN | 979-11-12-00894-7

www.bookk.co.kr
ⓒ 마창석 2025
본 책은 저작자의 지적 재산으로서 무단 전재와 복제를 금합니다.